国家自然科学基金项目（U1304708）、河南省高等学校青年骨干教师培养计划资助项目（2015GGJS-005）研究成果

SOURCE OF GREEN GROWTH AND REGIONAL ECONOMIC DISPARITY

BASED ON THE EMPIRICAL ANALYSIS OF PROVINCES IN CHINA

绿色增长源泉
与地区经济差距

基于中国省区的实证分析

石风光　著

社会科学文献出版社
SOCIAL SCIENCES ACADEMIC PRESS (CHINA)

前　言

　　地区经济差距是世界各个国家和地区都普遍存在的一种客观经济现象，一直以来也是国内外学术界关注的热点问题，相关研究成果层出不穷。20世纪90年代早期，多数研究者认为要素投入差异是造成地区产出差异的主要原因，而90年代中后期以后，由于受新古典经济增长理论的资本具有边际报酬递减性质观点的影响，国内外一些学者又将关注的焦点投向全要素生产率，并通过大量的实证研究发现全要素生产率是造成地区经济增长差异的重要原因。当前，中国经济发展进入新常态，经济增长从要素驱动、投资驱动转向创新驱动，全要素生产率特别是环境（绿色）全要素生产率在实现地区经济的高质量增长和产业结构优化升级方面的作用越来越突出。因而，从环境（绿色）全要素生产率视角考察地区经济增长和地区差距问题意义重大。

　　传统方法通常将经济增长源泉分解为全要素生产率和要素投入，其中全要素生产率又被分解为技术进步和技术效率变化。考虑环境因素后，一些研究者将经济增长源泉分解为环境（绿色）全要素生产率和要素投入，继而研究它们对经济增长的贡献，而对两类增长源泉所造成的地区差距问题的分析则较少。实际上，经济增长源泉还包括很多其他因素，如环境管制、产业环境结构等，但现有的相关研究极少涉及，而有关这些环境因素对地区经济差距影响的研究更是鲜见。本书在借鉴前期相关研究成果的基础上，力图弥补这些研究的不足。本书的基本研究思路是建立一个考虑非期望产出的绿色经济增长源泉分解框架，通过对中国大陆 30 个省份经济增长的分解，研究各增长源泉特别是绿色增长源泉对中国地区经济差距的影响效应。结合上述研究的结论，并以全国、河南省及安阳市工业绿色化发展绩效评价为分析案例，提出促进中国地区经济实现绿色化、协调性发展的对策建议。

　　笔者对经济增长源泉与地区差距问题做过一些研究，但这些研究缺乏系统性和深度。承蒙国家自然科学基金项目和河南省高等学校青年骨干教师资助计划项目的资助，笔者得以从绿色增长源泉的视角来系统深入地考察中国地区经济差距问题，并将研究成果以专著形式出版。在书稿付梓之际，对所有给予我帮助的同仁和工作人员致以最真诚的谢意！

石风光

2017 年 9 月 5 日

目　录

绪　论

第一节　研究背景及意义

转变经济发展方式，实现经济社会的全面协调可持续发展是中国当前和今后较长时期内的一项重要战略任务。2005 年召开的中共十六届五中全会明确提出了"建设资源节约型、环境友好型社会"的目标，并首次把其确定为国民经济与社会发展中长期规划的一项战略任务，使之成为中国的一项基本国策。2007 年党的十七大进一步提出了加快转变经济发展方式的战略任务。2012 年党的十八大对加快转变经济发展方式进行了新部署，提出了"一个立足点"、"四个着力"和"五个更多"的要求。2017 年，习近平总书记在党的十九大报告中指出，建设生态文明是中华民族永续发展的千年大计。必须树立和践行绿水青山就是金山银山的理念，坚持节约资源和保护环境的基本国策，形成绿色发展方式和生活方式，建设美丽中国。这为未来中国的生态文明建设和绿色发展进一步指明了方向。

为加快转变经济发展方式，促进区域经济的全面协调可持续发展，从资源节约、环境友好的角度出发，研究环境因素对地区经济增长的贡献，从而分析其对地区经济差距的影响及作用显得至关重要。基于这一考虑，本书拟开展这一具有重要理论意义和实践意义的尝试性研究。

第一，本书能够客观地测评中国省份经济增长的效率和模式。本书在考虑包括能源消耗、环境污染在内的多种投入产出因素的条件下，对中国大陆 30 个省份的经济增长进行核算和分解，客观地测评环境因素对中国省区经济增长的贡献，并依此判定其增长模式。

第二，本书能够从多角度揭示环境因素对中国省际经济差距的影响及作用。本书运用基于方向性距离函数的经济增长核算方法对中国省区经济增长源泉进行包含多种环境因素的分解，进而运用动态计量方法和空间计量方法分析各种环境因素对省际经济差距的影响，这是对地区经济差距问题研究的一个扩展。

第三，本书能够为政府决策和相关政策的制定提供一些借鉴和参考。本书对中国省区经济增长源泉和效率的测评，对环境因素的地区经济差距影响效应的分析，以及对实现中国省区经济全面协调可持续发展对策的探讨，都可以作为政府部门的决策参考。

第二节　研究目标及主要研究内容

本书的研究目标主要包括以下三点。

第一，利用基于方向性距离函数的序列 DEA 方法构建一个考虑能源和环境因素的多投入、多产出经济增长核算模型，对中国省区经济增长进行核算分析，以判断中国省区的经济增长源泉和经济增长模式。

第二，在对中国省区经济增长进行核算、分解的基础上，从动态、空间的视角分析各种环境因素对中国省际经济差距的影响和作用。

第三，从各种环境变量的影响因素、溢出效应及趋同效应出发，提出促进中国省区经济协调、可持续发展的对策建议。

本书主要研究内容可以概括为以下六个方面。

第一，基于传统增长核算方法的地区差距研究。

主要介绍笔者的前期相关研究成果。首先，对传统经济增长核算方法进行了梳理，主要包括全要素生产率的测算方法和经济增长源泉的分解方法；其次，利用修正索洛模型计算中国省区的传统全要素生产率（不包含能源及环境因素），并将中国省区经济增长源泉简单地分为全要素生产率和要素投入，进而利用动态分布法及时间序列数据模型研究它们对中国省际经济差距的影响。

第二，基于经济增长绿色分解视角的中国地区差距来源研究现状及扩展思路。

分析经济增长源泉对地区经济差距的影响是地区差距来源研究的一个重要视角。经济增长核算方法最初建立在新古典经济增长理论之上，而传统的新古典经济增长核算通常忽略能源和环境因素对经济增长的影响。在当前中国推动经济转型，大力建设资源节约型、环境友好型社会的大背景下，在各地区经济发展面临着较大的资源环境压力的情况下，忽略资源消耗和环境污染的经济增长源泉分解是有悖于现实的，容易得出误导性结论。因此，在对基于经济增长分解的地区差距来源研究现状进行述评和讨论的基础上，对传统的经济增长核算方法及应用方面的不足进行深入的比较、探讨，提出一个通过建立包含能源和环境因素的绿色经济增长核算模型来进行地区差距来源研究的新思路。

第三，中国省区环境全要素生产率测算与经济增长源泉的分解。

基于 DEA 的传统全要素生产率测算方法多建立于生产效率的

测算基础之上。生产效率的测算最初是利用 Shepard 距离函数进行的，相应的全要素生产率指标为 Malmquist 生产率指数。该方法没有考虑非期望产出，因而难以用于计算环境全要素生产率。本书在考虑物质资本、劳动力和能源等多种投入因素以及 GDP 和"三废"等各种产出的条件下，运用基于方向性距离函数的序列 DEA 方法测算中国省区环境全要素生产率，即 Malmquist - Luenberger 生产率指数，并将其分解为环境技术效率变化和环境技术进步两个部分，对各省区相应指标进行静态和动态比较分析。在此基础上，本书还利用经济增长的五重分解模型将中国省区劳动生产率分解为环境技术效率变化、环境技术进步、环境污染管制、产业环境结构优化以及要素投入五部分的贡献，从而进一步分析四种环境因素对省区经济增长的约束效应，以判断省区经济增长的模式及特点。此外，本书还将利用空间自相关性研究方法和相对趋同检验模型，分析各种环境因素的时空差异及收敛趋势。

第四，绿色增长源泉对中国省际经济差距的影响及作用机制。

本书采用多种研究方法从动态、空间的视角分析绿色增长源泉对中国省际经济差距的影响效应及具体作用机制。首先，通过测算样本期内各省区环境技术效率变化、环境技术进步、环境污染管制、产业环境结构优化以及要素投入等因素所贡献的增长率的累积值，采用核密度估计方法分析中国省区产出与各种增长源泉所贡献的增长率的动态演进过程，以直观反映绿色增长源泉对中国省际经济差距演进的影响效应。其次，通过建立一种新型的经济协动空间权重矩阵，利用动态空间滞后和动态空间误差 β 收敛模型分析各类经济增长源泉对中国省区经济增长收敛性的贡献及影响机制。再次，在对各种经济增长源泉进行空间 σ 收敛分析的基础上，利用空间标准差指标建立 VAR 模型进行脉冲响应分析和方差分解，以检验各种增长源泉对中国省际经济差距的短期及长期影响。最后，利用省区产出及各经济增长源泉的空间标准差建立动态空间模型，用卡尔曼滤波算法测度各增长源泉对中国省际经济差距的时变影响及动态变化趋势。

第五，中国省区绿色增长源泉的影响因素分析。

本书利用动态面板数据的线性模型（包括固定效应和随机效应模型）分析各种因素对中国省区绿色增长源泉的影响，同时通过选择合理的转换变量，运用能更好地反映截面个体异质性的非线性面板平滑转换模型（PSTR）考察各因素与环境变量的数量关系，并将线性和非线性模型的计量结果进行比较分析，为实现中国省区经济的转型发展、协调发展和可持续发展对策的提出提供理论支撑。

第六，以地区工业为例的绿色化发展绩效案例分析。

本书以全国、河南省及安阳市工业为例进行了绿色化发展绩效的案例分析。一是利用基于 SBM 方向性距离函数的 DEA 模型对全国工业增长效率进行了测评，同时利用空间面板数据模型对工业环境全要素生产率影响因素进行了计量分析，还利用三阶段 DEA 方法测算了中国省区工业水污染治理效率；二是利用绿色经济增长核算方法——五重分解法对河南工业增长绩效进行了测算，并利用空间面板数据模型分析了工业绿色增长源泉的影响因素；三是利用四重分解法对安阳市工业增长绩效进行了测评。四是在上述分析的基础上，提出了实现地区工业绿色化发展的路径。

第三节　研究方法与技术路线

一　主要研究方法

第一，基于方向性距离函数的 DEA 方法和经济增长的五重分解法：用于环境全要素生产率及其构成的测算与经济增长源泉的分解。

第二，动态分析法和空间分析法：利用核密度分析法、基于VAR模型的脉冲响应分析法及时变分析法来研究环境因素对中国省际经济差距的动态影响及变化趋势。利用空间相关分析法、空间收敛分析法研究环境变量的空间特征及其对省际经济增长收敛性的影响。

第三，面板数据的线性和非线性回归分析法：利用动态面板数据的线性回归模型和非线性面板平滑转换模型来分析环境变量的影响因素，为省区经济的协调、可持续发展政策的制定提供实证支持。

二　主要技术路线

本书按照提出研究问题、环境全要素生产率的测算与经济增长源泉的分解、绿色增长源泉对中国省际经济差距的影响机制分析、提出相关对策建议的总体思路展开研究，主要技术路线如图0-1所示。

三　拟解决的关键科学问题

本书拟解决的关键科学问题包括以下两个方面。

第一，如何正确编制一套线性规划程序，运用基于方向性距离函数的序列DEA方法对考虑能源和环境因素的环境全要素生产率及各种经济增长源泉进行较为准确的测度，这是开展整个项目研究所要解决的首要关键性问题。

第二，通过设计出科学合理的空间权重矩阵，从空间视角分析环境因素对省际经济差距的影响，利用非线性面板平滑转换模型分

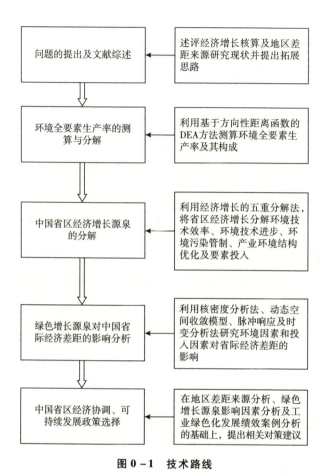

图 0 - 1 技术路线

析环境变量的影响因素，这些方面是开展研究所需要解决的其他关键性问题。

第四节 研究特色与创新

本书为探索性实证研究，其特色和创新性主要体现在以下三个方面。

第一，研究方法的探索性。提出一个考虑能源、环境因素的基于方向性距离函数的经济增长核算模型，利用其研究中国省区经济增长的源泉及贡献大小，并结合各种动态、空间计量方法探索环境因素对中国省际经济差距的影响效应及作用机制。国内关于环境视角的经济增长源泉分解的研究文献较少，而研究环境因素对中国省际经济差距影响效应的文献则更为罕见。本书利用基于方向性距离函数的序列 DEA 方法测算中国省区环境全要素生产率指数及构成，在经济增长五重分解的基础上，利用核密度法、动态空间收敛法、脉冲响应及时变函数法分析环境因素对中国省际经济差距的影响。

第二，研究视角的独特性。从环境视角研究中国省际经济差距问题，进而探讨实现中国省区经济的协调、可持续发展的政策选择。有关区域经济差距问题研究的文献很多，但从环境角度进行相关研究的文献不多见。在当前中国大力建设资源节约型、环境友好型社会的大背景下，忽略能源和环境因素研究地区差距问题，不符合经济发展现实，也是与科学发展观相背离的。因而，从环境视角研究中国省际差距问题是对区域经济差距研究的一个重要补充。

第三，研究内容的新颖性。将中国省区环境全要素生产率测算、经济增长源泉的分解以及它们对省际经济差距的影响效应研究结合起来，并探寻实现中国省区经济的协调、可持续发展对策，整个研究内容具有新颖性，形成了一个较为完整的研究体系。本书在中国省区环境全要素生产率测算和经济增长源泉分解的基础上，研究中国省际经济差距的形成机制，并提出相关对策建议，这是对国内外相关研究的一个新拓展。

第一章
基于传统增长核算方法的地区差距研究

　　传统经济增长核算方法即通过测算不考虑能源、环境因素的传统全要素生产率，对经济增长源泉进行分解的方法。笔者曾利用这一方法研究经济增长源泉对省际经济差距的影响，并将成果公开发表。虽然前期研究成果的数据有些陈旧，但其研究思想和研究内容仍有可借鉴之处。同时，为了便于与本书的最新研究内容进行比较，形成完整的内容体系，故将其作为独立的一章安排于此。

第一节　传统经济增长核算方法

　　经济增长核算是测算经济增长来源的重要方法，而进行经济增长核算时，则绕不开全要素生产率的测算。全要素生产率（TFP）又称"综合要素生产率"，指总产量与全部要素结合在一起的投入量之比，是衡量生产效率的一项重要生产指标。由定义可知，全要素生产率的提高与生产要素单纯量的扩大没有关系，它的增长实际上是一种"余值"增长，即产出增长率中不能用劳动和资本等投入的增加来解释的剩余。这就意味着全要素生产率具有非常广泛的内涵，不仅包括先进的工艺、专利、技术创新、高技术设备和人才等直接技术因素，还包括经济周期、社会文化以及经济、社会制度的变迁等非技术因素。全要素生产率把一个经济系统的全部投入要素综合起来，全面地反映系统的投入、产出总体转换效率，比较客观地反映这一经济系统的宏观综合经济效益，是经济增长质量评估和经济增长源泉分析的重要工具。

一　传统全要素生产率测算方法

一般来说，传统全要素生产率的测算方法大体可分为两大类：参数方法和非参数方法。参数方法需要确定生产函数的具体形式，然后通过对生产余值的相关计算来获得全要素生产率的变化率；非参数方法不需要设定生产函数的具体形式，而是利用多投入和多产出模型直接从投入产出的角度来考虑全要素生产率的变化。参数方法可分为索洛余值法和随机前沿分析方法。索洛余值法不能直接计算出全要素生产率；随机前沿分析方法可以很好地处理度量误差，通过使用面板数据，可以分析观测对象的效率差异以及随时间的变化情况。非参数方法可分为代数指数法和数据包络分析方法。代数指数法无具体的估计模型，计算也较为简便，因而使用比较广泛。数据包络分析法用线性规划技术进行效率的测度，避免了较强的理论约束，是一种较为客观、科学的计量方法。

（一）代数指数法

代数指数法最早由 Abramovitz（1956）提出，其基本思想是把全要素生产率表示为产出数量指数与所有投入要素加权指数的比率。

若商品价格为 P_t，数量为 Q_t，则总产出为 $P_t Q_t$。生产中资本

投入为 K_t，劳动投入为 L_t，资本价格即利率为 r_t，工资率为 w_t，则总成本为 $r_tK_t + w_tL_t$。在完全竞争和规模收益不变的假设下，总产出等于总成本：

$$P_tQ_t = r_tK_t + w_tL_t \tag{1-1}$$

考虑技术进步等因素影响，上式往往不成立，可将其改写为：

$$P_0Q_t = TFP_t[r_0K_t + w_0L_t] \tag{1-2}$$

其中，r_0、w_0 和 P_0 为基年利率、工资和价格。参数 TFP_t 为全要素生产率，反映技术进步等因素对产出的影响。由式（1-2）可得：

$$TFP_t = \frac{P_0Q_t}{r_0K_t + w_0L_t} \tag{1-3}$$

式（1-3）就是测算全要素生产率的代数指数公式。

一些学者提出了其他测算全要素生产率的指数方法，如 Laspeyres 指数法、Paasche 指数法、Fisher 指数法和 Tornqvist 指数法等，其中 Fisher 指数法和 Tornqvsti 指数法使用最为普遍。Laspeyres 指数法和 Paasche 指数法的函数形式是线性的，计算起来比较容易，而且能把真实的指数限定在经济理论范围之内，所以在实际统计中计算一些指数时用得较多。然而在计算两期之间的全要素生产率增长率时，这两种指数法则存在一些差异。Laspeyres 指数法把基期数量作为权重，而 Paasche 指数法则把当期数量作为权重。这两种方法的权重分别处于两个极端，当相对价格发生变动时，计算结果往往有很大的偏差。

Fisher 指数为：

$$F = \left[\frac{\sum p_tq_s}{\sum p_sq_s} \frac{\sum p_tq_t}{\sum p_sq_t}\right]^{1/2} \tag{1-4}$$

其中，p 为产品或要素价格，q 为产出或投入要素的数量，s 和

t 分别为基期和现期，将用此法求出的产出和投入的 Fisher 指数相比即可求得全要素生产率。Fisher 指数法实际上是通过计算 Laspeyres 指数和 Paasche 指数的几何平均来估算全要素生产率的，所以 Fisher 指数法是介于 Laspeyres 指数法和 Paasche 指数法两者之间的一种方法，其计算结果同样不可避免地会产生很大的偏差。

Tornqvsti 指数为个体数量指数的加权几何平均值，而权重则是基期和现期价格的简单算术平均值：

$$Q_{st}^T = \frac{q_t}{q_s} = \prod_{i=1}^{N} \left(\frac{q_{it}}{q_{is}} \right)^{\frac{p_{is}+p_{it}}{2}} \tag{1-5}$$

Tornqvsti 指数一般写成其对数形式：

$$\ln Q_{st}^T = \ln \left(\frac{q_t}{q_s} \right) = \sum_{i=1}^{N} \left(\frac{p_{is}+p_{it}}{2} \right) \times (\ln q_{it} - \ln q_{is}) \tag{1-6}$$

若产出为 M 种，价格和数量分别为 p 和 q，投入要素为 N 种，价格和数量分别为 p' 和 q'，按照 Tornqvist 的定义，从第 s 年到第 t 年的对数形式的全要素生产率增长率可以由式（1-7）表示：

$$\ln \left(\frac{TFP_t}{TFP_s} \right) = \ln \left(\frac{q_t}{q_s} \right) - \ln \left(\frac{q_t'}{q_s'} \right) = \ln \left(\prod_{i=1}^{M} \left(\frac{q_{it}}{q_{is}} \right)^{\frac{p_{is}+p_{it}}{2}} \right) - \ln \left(\prod_{j=1}^{N} \left(\frac{q_{jt}'}{q_{js}'} \right)^{\frac{p_{js}'+p_{jt}'}{2}} \right) \tag{1-7}$$

因此，全要素生产率增长率为：

$$\frac{TFP_t}{TFP_s} = \prod_{i=1}^{M} \left(\frac{q_{it}}{q_{is}} \right)^{\frac{p_{is}+p_{it}}{2}} \bigg/ \prod_{j=1}^{N} \left(\frac{q_{jt}'}{q_{js}'} \right)^{\frac{p_{js}'+p_{jt}'}{2}} \tag{1-8}$$

Tornqvsti 指数具有两个重要的作用：一是能够为任意二阶可微分线性齐次的生产函数提供一个二次近似值的估计；二是该指数可通过逆向时间原则来识别比例检验。这些作用使 Tornqvsti 指数能够在比价发生变化时以滚动权值的形式进行调节，从而能有效消除采用固定权重时出现的偏差。另外，把当前价格作为权重时，Tornqvist 指数法还能够反映出要素质量的改进情况。基于以上作用，Tornqvist 指数法一般被认为是指数法中"最优的"。

代数指数法衡量在特定条件（技术、规模）下所有要素投入有机组合的综合生产效率。这种测算方法能够很直观地体现出全要素生产率的内涵，但其主要缺陷之一就是不能把生产率指数进行再分解。此外，它虽然没有明确设定生产函数，但暗含着资本和劳动力之间完全可替代，且边际生产率是固定的，这显然缺乏合理性。所以这种方法更多的是一种概念化方法，并不适于具体的实证分析（Caves，Christensen，and Diewert，1982）。

（二）索洛余值法

索洛（Solow，1957）把生产函数和指数方法结合起来，用来研究全要素生产率的增长。其基本思路是估算出总量生产函数后，采用产出增长率扣除各种投入要素增长率后的余值来测算全要素生产率的增长，故也称为"生产函数法"。索洛并没有设定生产函数的具体形式，而是在规模报酬不变、希克斯中性技术假设条件下给出生产函数的一般形式：

$$Q_t = A_t F(X_t) \qquad (1-9)$$

其中，Q_t 为产出，$X_t = (x_{1t}, \cdots, x_{nt})$ 为要素投入向量。A_t 为希克斯中性技术变化系数，这表示技术进步不影响投入要素之间的边际替代率。假设 $F(\cdot)$ 为一次齐次函数即规模报酬不变。对生产函数两边关于时间 t 取全微分，两边同除以 Q_t 可得：

$$\frac{\dot{Q_t}}{Q_t} = \frac{\dot{A_t}}{A_t} + \sum_{n=1}^{N} \gamma_n \left[\frac{\dot{x}_{nt}}{x_{nt}} \right] \qquad (1-10)$$

其中，$\gamma_n = \left[\frac{\partial Q_t}{\partial x_{nt}} \right] \left[\frac{x_{nt}}{Q_t} \right]$，为各投入要素的产出份额。由

式（1－10）可以进一步得到：

$$\frac{\dot{A}_t}{A_t} = \frac{\dot{Q}_t}{Q_t} - \sum_{n=1}^{N} \gamma_n \left[\frac{\dot{x}_{nt}}{x_{nt}} \right] \qquad (1-11)$$

$\dfrac{\dot{A}_t}{A_t}$ 就是所谓的"索洛余值"，即不能被投入增长所解释的剩余的产出增长率，索洛认为它是由于技术进步而产生的。

在具体计算全要素生产率时，函数常采用柯布－道格拉斯生产函数、超越对数生产函数及常替代弹性生产函数等形式。柯布－道格拉斯生产函数为：$Y_t = AK_t^\alpha L_t^\beta$，$Y_t$ 为产出，K_t 为资本存量，L_t 为劳动投入，α、β 分别为资本和劳动的投入产出弹性系数。对柯布－道格拉斯生产函数两边同时取自然对数有：

$$\ln(Y_t) = \ln(A) + \alpha\ln(K_t) + \beta\ln(L_t) + \varepsilon_t \qquad (1-12)$$

ε_t 为误差项。若规模报酬不变，即 $\alpha + \beta = 1$，则有：

$$\ln(Y_t/L_t) = \ln(A) + \alpha\ln(K_t/L_t) + \varepsilon_t \qquad (1-13)$$

对式（1－13）利用OLS估算，可以求出 α、β，然后将其代入全要素生产率增长率计算公式：

$$dA/A = dY_t/Y_t - \alpha dK_t/K_t - \beta dL_t/L_t \qquad (1-14)$$

这样即可算出全要素生产率增长率。

超越对数生产函数形式为：

$$\ln Y = \alpha_0 + \alpha_k \ln K + \alpha_l \ln L + \alpha_t t + \frac{1}{2}\beta_{kk}\ln^2 K + \beta_{kl}\ln K \ln L + \beta_{kt}(\ln K)t$$
$$+ \frac{1}{2}\beta_{ll}\ln^2 L + \beta_{lt}(\ln L)t + \frac{1}{2}\beta_{tt}t^2 \qquad (1-15)$$

其中，α_i、β_{ij} 为相应的参数，在等规模收益及生产函数性质的约束下，参数必须满足：$\alpha_k + \alpha_l = 1$、$\beta_{kk} + \beta_{kl} = 0$、$\beta_{ll} + \beta_{kl} = 0$、$\beta_{kt}$

$+ \beta_{lt} = 0$。

对于离散的数据样本，在超越对数生产函数形式下，全要素生产率的增长率可以表示为相邻两个时间点上的产出增长率减去各投入要素对产出的贡献：

$$\bar{V}_t = \ln Y(t) - \ln Y(t-1) - \bar{V}_k [\ln K(t) - \ln K(t-1)] - \bar{V}_l [\ln L(t) - \ln L(t-1)]$$

$$(1-16)$$

式（1-16）中，$\bar{V}_k$、$\bar{V}_l$ 即为相应资本与劳动投入的平均份额，全要素生产率增长率的平均值 $\bar{V}_t$ 即可由（1-16）式直接求得。

常替代弹性生产函数（包含两种投入要素）的基本形式为：

$$Y = A [\delta K^{-\rho} + (1-\delta) L^{-\rho}]^{-\frac{\mu}{\rho}} \qquad (1-17)$$

式（1-17）中，A 表示效率系数；δ 为分配系数，$0 < \delta \leqslant 1$；ρ 为替代系数，$-1 \leqslant \rho < \infty$；$\mu$ 为反映规模报酬的参数。该生产函数的要素替代弹性为 $\sigma = 1/(1+\rho)$。当 $\rho = 0$ 时，常替代弹性生产函数趋近于柯布-道格拉斯生产函数形式，即 $Y = AK^{\delta} L^{1-\delta}$。常替代弹性生产函数取对数，并在 $\rho = 0$ 处进行泰勒级数展开，取关于 ρ 的线性部分可得：

$$\ln Y = \ln A + \mu\delta\ln K + \mu(1-\delta)\ln L - \frac{1}{2}\mu\rho\delta(1-\delta)\ln^2\frac{K}{L} \qquad (1-18)$$

这即为假定 $\beta_{kk} = \beta_{ll} = -\beta_{kl}$，且不含时间参数的超越对数生产函数，可用计量经济学方法估计出各参数。对上式取微分，可得全要素生产率增长率的表达式：

$$\frac{\dot{A}}{A} = \frac{\dot{Y}}{Y} - \mu\delta\frac{\dot{K}}{K} - \mu(1-\delta)\frac{\dot{L}}{L} + \mu\rho\delta(1-\delta)\ln\frac{K}{L}\left(\frac{\dot{K}}{K} - \frac{\dot{L}}{L}\right) \qquad (1-19)$$

索洛首先进行了经济增长源泉的分析，这是对新古典增长理论的一个重要贡献，但该方法也存在以下一些缺陷。第一，在分析时设定了生产函数的具体形式，生产函数的合理性影响全要素生产率测算的准确性；第二，仅能得到全要素生产率增长率，掩盖了其他信息；第三，此方法不能分解出全要素生产率增长的技术进步成分和效率变化成分，忽视无效率的存在；第四，利用资本存量代替资本服务，忽视了新旧资本设备生产效率的差异以及能力实现的影响；第五，用残差来度量全要素生产率，无法剔除测算误差的影响。

（三）数据包络分析法

索洛余值法在估算全要素生产率时，包含一个重要的假设，即资源得到充分利用，所有的生产者都能实现最优的生产效率，从而将产出增长中要素投入贡献以外的部分全部归结为技术进步的结果，这样全要素生产率的增长就等于技术进步率。这种假设不太符合现实情况，而且两种方法都忽略了全要素生产率增长的一个重要组成部分——能力实现改善即技术效率提升的影响。基于这种考虑，Aigner 和 Chu（1968）提出了前沿生产函数法（Frontier Production Function），其基本思路遵循 Farrell（1957）的思想，将经济增长归为要素投入增长和生产者效率（全要素生产率）提升两个方面。而生产者效率又可以分解为技术前沿或技术进步和技术效率两个部分，前者刻画所有生产者投入－产出函数的边界，后者描述个别生产者实际技术与技术前沿的差距。用这种方法测算全要素生产率的关键在于前沿生产函数的估算以及观测值到生产前沿距离的度量。依据前沿生产函数和距离函数估算方法的不同，前沿生产函数法可以分为两类：一是非参数数据包络分析法，二是参数随机前沿分析法。

数据包络分析法是一种数据驱使（Data－Driven）方法，依靠投入产出的数据挖掘出两大信息：技术前沿和相对于参照技术的效率评价，它的概念最初由 Farrell（1957）提出，其基本思想是用"最小的"或"匹配最紧密"的凸面球壳包络投入产出数据集，所得到的数据集合的边界就代表"最佳实践"的技术前沿。利用数据包络分析方法测算全要素生产率的关键在于估算距离函数，因为距离函数不仅可以描述多产出–多要素投入的生产前沿技术，也可以对不同生产者、不同时期生产活动的生产效率进行比较评价。距离函数分为产出型和投入型距离函数。产出型距离函数衡量了给定投入下实际产出向量相对于所参照的技术前沿能够扩张的最大比例。按照 Shephard（1970）的思想，相对于参照技术 S^t，生产者在 t 时期的产出型距离函数为：

$$D_o^t(x^t, y^t) = \inf\{\theta : (x^t, y^t/\theta) \in S^t\} = (\sup\{\theta : (x^t, \theta y^t) \in S^t\})^{-1} \quad (1-20)$$

产出距离函数定义了在给定投入 x^t、产出向量 y^t 在技术 S^t 范围内能够扩张的最大比例的倒数。$D_o^t(x^t, y^t) \le 1$ 当且仅当 $(x^t, y^t) \in S^t$，$D_o^t(x^t, y^t) = 1$ 当且仅当 (x^t, y^t) 为技术前沿上的点，这意味着生产技术效率为100%，即在给定投入的情况下产出达到最大。

Färe et al.（1994）在 CCD 理论研究的基础上，采用非参数线性规划方法测算距离函数。下面就用这种方法求解四个与生产率变化有关的产出型距离函数值：$D_o^t(x^t, y^t)$，$D_o^{t+1}(x^t, y^t)$，$D_o^t(x^{t+1}, y^{t+1})$，$D_o^{t+1}(x^{t+1}, y^{t+1})$。在固定规模报酬的技术 S^t 下，生产者 (x^t, y^t) 在 t 期的产出型距离函数为：

$$\left[D_o^t(x^{h't}, y^{h't}) \right]^{-1} = \max \theta^{h'} \quad (1-21)$$

$$\text{s.t.} : \theta^{h'} y^{h't} \le \sum_{h=1}^{H} z^{ht} y^{ht}, \sum_{h=1}^{H} z^{ht} x^{ht} \le x^{h't}, z^{ht} \ge 0 \quad (1-22)$$

其他距离函数的计算方法是一样的，只是需要变换一下时间。

在估算出距离函数后，便可以求出全要素生产率增长率。目前，比较流行的度量方法为 Malmquist 指数法。Malmquist 指数最早由 Malmquist 当作一种消费指数提出，Caves 等（1982）将其应用到生产率变化的度量。t 到 $t+1$ 期间全要素生产率增长的 Malmquist 指数为：

$$M_o(x^{t+1}, y^{t+1}, x^t, y^t) = \left[\frac{D_o^t(x^{t+1}, y^{t+1})}{D_o^t(x^t, y^t)} \frac{D_o^{t+1}(x^{t+1}, y^{t+1})}{D_o^{t+1}(x^t, y^t)}\right]^{1/2} \quad (1-23)$$

当 Malmquist 指数大于 1 时，意味着全要素生产率增长为正，反之则意味着全要素生产率增长为负。

可进一步将 Malmquist 指数分解为：

$$M_o(x^{t+1}, y^{t+1}, x^t, y^t) = \frac{D_o^{t+1}(x^{t+1}, y^{t+1})}{D_o^t(x^t, y^t)} \left[\frac{D_o^t(x^{t+1}, y^{t+1})}{D_o^{t+1}(x^{t+1}, y^{t+1})} \frac{D_o^t(x^t, y^t)}{D_o^{t+1}(x^t, y^t)}\right]^{1/2} = TE \cdot TP$$

$$(1-24)$$

其中，第一项 TE 为 $t+1$ 期的效率变化指数，第二项 TP 为 $t+1$ 期的技术进步率指数。若 TE 和 TP 大于 1，表示效率和技术都得到改善，反之则表示技术和效率出现恶化。

数据包络分析法是一种应用非常广泛的非参数方法，这种方法直接利用线性规划给出边界生产函数与距离函数的估算，不需要设定生产者最优行为目标，也不需要对生产函数的形式和分布做出假设，从而了避免较强的理论约束。但该方法也有一个明显的缺陷，即数据包络分析法经常不允许随机误差的存在，而随机误差一般是在测度中形成的。在数据包络分析法中，任何随机误差都被认为是效率的不同，这显然会影响其测算的准确性。

（四）随机前沿分析法

数据包络分析法可将生产者的全要素生产率分解为前沿技术和

技术效率，从而能够进一步分析生产率的变化和经济增长的源泉。但是，人们对生产者行为的实际观测受到随机误差扰动，而且个别生产者与最优生产率的差距也会受到各种随机因素的影响。基于这一考虑，Aigner、Lovell 和 Schmidt（1977）以及 Meeusen 和 Boreck（1977）在确定性前沿模型基础上引入随机扰动项，分别提出随机前沿方法，将实际生产面与前沿生产面的偏离分解为两项，一项是随机误差项，另一项是技术无效率项。随着随机前沿分析法的广泛应用，许多学者又对该模型进行了改进和完善。Jondrow et al.（1982）首次应用了实际生产面与前沿生产面偏离的分离技术。Battese 和 Coelli（1988）对 Jondrow 的工作做了进一步拓展，使其可以适用于面板数据，改变了随机前沿方法仅适用于跨界面数据的状况，但其仍然假设无效率项是不随时间变化的。后来，Comwell、Schmidt 和 Sickles（1990），Kumbhakar（1990），Battese 和 Coelli（1992）等学者又将随机前沿分析法发展为允许无效率项随时间变化的模型。无效率项的分布可以服从均值不为零的正态分布，从而使随机前沿分析法更接近于生产与经济增长的实际情况。就生产函数形式的选择而言，早期的随机前沿分析法多采用柯布－道格拉斯生产函数。这种模型处理起来较为简便，但其要素产出弹性固定不变的假设与实际生产情况不符。当前研究中较多地采用超越对数生产函数形式，该函数中要素产出弹性是可变的且可以作为任何生产函数的近似，具有广泛的适用性。此外，Färe、Primont（1995）和 Kumbhakar（1996）分别提出成本函数随机前沿模型和利润函数随机前沿模型来代替生产函数模型，克服了生产函数模型难以处理多产出生产者行为以及相关数据获得困难的缺陷，使随机前沿方法得到更为广泛的应用。

　　目前应用较为广泛的随机前沿模型是 Battese 和 Coelli（1995）

提出的，其定义的生产函数形式如下：

$$\ln(y_{it}) = f(x_{it}, t, \beta) + v_{it} - u_{it}, i = 1, 2, \cdots, N; t = 1, 2, \cdots, T \qquad (1-25)$$

其中，y_{it} 表示产出，x_{it} 表示投入向量，t 是时间趋势，代表技术进步，β 为待估计的参数向量。式（1-25）中误差项由两个独立部分组成：v_{it} 为随机误差项，$v_{it} \sim N(0, \sigma_V^2)$；$u_{it}$ 为代表技术非效率的非负随机变量，$u_{it} \sim N(m_{it}, \sigma_{it}^2)$，其中 $m_{it} = z_{it}\delta$，z_{it} 表示一组影响经济体效率的变量，δ 为这些变量的待估参数，通过最大似然法估计得出。

第 i 个经济体在第 t 年的技术效率定义为 $TE_{it} = E(\exp(-u_{it}) \mid e_{it})$，因此从 t_0 到 t_1 的效率变化可通过下式计算：

$$TE = \frac{E(\exp(-u_{it_1}) \mid e_{it_1})}{E(\exp(-u_{it_0}) \mid e_{it_0})} \qquad (1-26)$$

两个时期的技术进步指数可通过式（1-25）对时间趋势 t 的估计参数计算出来。由于技术进步不是中性时，技术进步指数会随投入向量的不同而改变，因此可采用两个时期的技术进步的几何平均值：

$$TP = \left\{ \left[1 + \frac{\partial f(x_{it_0}, t_0, \beta)}{\partial t_0} \right] \times \left[1 + \frac{\partial f(x_{it_1}, t_1, \beta)}{\partial t_1} \right] \right\}^{1/2} \qquad (1-27)$$

在计算出技术效率和技术进步率后，就可以通过相乘得出全要素生产率增长率。

相比数据包络分析法而言，随机前沿分析法的优点在于它允许随机误差的存在，同时考虑了无效率项和随机扰动，并将其作为实际生产没有处于前沿生产面的原因，这比较符合现实情况。但是随机前沿分析法也存在一定的缺陷，如事先设定一定形式的前沿函数和无效率项分布，这些设定的合理性值得考虑。

二　传统经济增长源泉分解方法：四重分解法

在测算出全要素生产率之后，则可以此为基础进行经济增长源泉的多重分解，通常采用如下方法。

若产出为 Y，投入为物质资本 K、劳动力 L 和人力资本 h 三种，有效劳动为 $H = h \times L$，则 $\hat{y} = Y/H$ 和 $\hat{k} = K/H$ 分别表示有效劳均产出和有效劳均资本。若 0 时期和 1 时期的劳均产出分别为 y_0 和 y_1，则有：

$$\frac{y_1}{y_0} = \frac{h_1}{h_0} \times \frac{\hat{y}_1}{\hat{y}_0} = ch \times \frac{\hat{y}_1}{\hat{y}_0} \tag{1-28}$$

由于 ch 可知，所以需要对有效劳均产出比做进一步分解。

通过线性规划求解可得出四个距离函数：

$$d^0(\hat{k}_0) = \frac{\hat{y}_0}{\overline{\hat{y}}_0(\hat{k}_0)} = \frac{A_0 P_0}{A_0 B_0} \tag{1-29}$$

$$d^1(\hat{k}_1) = \frac{\hat{y}_1}{\overline{\hat{y}}_1(\hat{k}_1)} = \frac{A_1 P_1}{A_1 C_1} \tag{1-30}$$

$$d^0(\hat{k}_1) = \frac{\hat{y}_1}{\overline{\hat{y}}_0(\hat{k}_1)} = \frac{A_1 P_1}{A_1 B_1} \tag{1-31}$$

$$d^1(\hat{k}_0) = \frac{\hat{y}_0}{\overline{\hat{y}}_1(\hat{k}_0)} = \frac{A_0 P_0}{A_0 C_0} \tag{1-32}$$

其中，式（1-29）和式（1-30）分别为 0 期和 1 期的效率指数，其投入和技术处于相同时期；而式（1-31）和式（1-32）的投入和技术则处于不同时期。由图 1-1 可知，有效劳均产出比可进一步分解为技术效率和潜在有效劳均产出之积：

$$\frac{\hat{y}_1}{\hat{y}_0} = \frac{A_1 P_1}{A_0 P_0} = \frac{d^1(\hat{k}_1)}{d^0(\hat{k}_0)} \frac{A_1 C_1}{A_0 B_0} = ce \times \frac{\overline{\hat{y}}_1(\hat{k}_1)}{\overline{\hat{y}}_0(\hat{k}_0)} \tag{1-33}$$

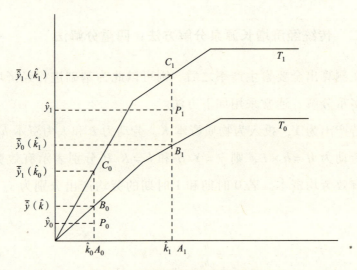

图 1 - 1　有效劳均 GDP 增长分解

　　潜在有效劳均产出比又可以分解为技术进步和物质资本积累之积，即：

$$\frac{A_1 C_1}{A_0 B_0} = \left[\frac{d^0(\hat{k}_1)}{d^1(\hat{k}_1)} \frac{d^0(\hat{k}_0)}{d^1(\hat{k}_0)} \right]^{1/2} \times \left\{ \left[\frac{d^0(\hat{k}_0)}{d^0(\hat{k}_1)} \frac{d^1(\hat{k}_0)}{d^1(\hat{k}_1)} \right]^{1/2} \frac{\hat{y}_1}{\hat{y}_0} \right\} = ct \times ck \quad (1-34)$$

ct 度量的是图 1 - 1 中从 B_1 点到 C_1 点和 B_0 点到 C_0 点的几何平均数，即在既定的资本存量条件下，技术进步带来的经济增长。ck 度量的是从 B_0 点到 B_1 点和从 C_0 点到 C_1 点的几何平均数，即技术既定时，资本存量增加带来的经济增长。

　　这样，我们可以把两个时期的有效劳均产出比分解为：

$$\frac{y_1}{y_0} = \frac{h_1}{h_0} \times \frac{d^1(\hat{k}_1)}{d^0(\hat{k}_0)} \times \left[\frac{d^0(\hat{k}_1)}{d^1(\hat{k}_1)} \frac{d^0(\hat{k}_0)}{d^1(\hat{k}_0)} \right]^{1/2}$$

$$\times \left\{ \left[\frac{d^0(\hat{k}_0)}{d^0(\hat{k}_1)} \frac{d^1(\hat{k}_0)}{d^1(\hat{k}_1)} \right]^{1/2} \frac{\hat{y}_1}{\hat{y}_0} \right\} = ch \times ce \times ct \times ck$$

$$(1-35)$$

　　其中 ch、ce、ct 和 ck 分别为人力资本、技术效率、技术进步和物质资本积累变化对劳均产出的影响。

第二节　传统全要素生产率的测算及分析

一　全要素生产率测算模型

全要素生产率测算最常采用的模型是索洛模型，标准索洛模型
可表示为：

$$Y_i = A_i K_i^{\alpha} H_i^{1-\alpha} \quad (0 < \alpha < 1) \tag{1-36}$$

Y_i 是 i 地区的总产出，K_i 是 i 地区的物质资本存量，H_i 是 i 地
区人力资本增强型劳动力（$H = h \times L$，h 指人力资本存量，通常用
人均受教育年限来表示；L 指劳动力，可用劳动力数量或工作小时
数表示），A_i 指技术进步（希克斯中性技术进步），即所谓的全要
素生产率，α 为资本产出弹性，由于假设规模报酬不变，所以 H_i 的
产出弹性就为 $1-\alpha$。这种基于柯布－道格拉斯生产函数的索洛模
型通过取对数可将其转变为线性函数，便于分析和计算，所以应用
较为广泛。

式（1-36）两边同除以 L 可进一步变形为：

$$y_i = A_i k_i^{\alpha} h_i^{1-\alpha} \quad (0 < \alpha < 1) \tag{1-37}$$

其中，y_i 为劳均产出，k_i 为劳均资本，其他变量与式（1-36）
相同。这是以劳均资本为投入要素的索洛模型。当然，还可以根据
分析需要将其转变为以资本产出比为投入要素的索洛模型：

$$y_i = A_i^{\frac{1}{1-\alpha}} \left(\frac{K_i}{Y_i}\right)^{\frac{\alpha}{1-\alpha}} h_i \quad (0 < \alpha < 1) \tag{1-38}$$

式（1-36）～式（1-38）尽管形式不同，但其实质是一样
的。索洛模型在经济增长分析中得到了广泛的应用，但 Klenow 与

Rodriguez – Clare （1997） 等认为索洛模型不适宜分析各国家或地区经济稳态的水平差异。他们认为，根据新古典增长理论，稳态下劳均产出增长完全由外生技术进步引致，而劳均资本存量会随技术进步同比例提高，在增长核算中会将部分技术进步贡献归功于资本积累，因而他们建议将资本 – 产出比而不是资本 – 劳动比作为投入要素的衡量指标，并称之为"修正索洛余值法"。Hall 和 Jones 在假定技术进步为哈罗德中性技术进步的前提下，将索洛模型修正为：

$$Y_i = K_i^{\alpha}(A_i H_i)^{1-\alpha} \quad (0 < \alpha < 1) \tag{1-39}$$

类似于索洛模型，式（1-39）通过两边同除以劳动力 L，可变为：

$$y_i = k_i^{\alpha}(A_i h_i)^{1-\alpha} \tag{1-40}$$

式（1-39）还可以变形为：

$$y_i = A_i \left(\frac{K_i}{Y_i}\right)^{\frac{\alpha}{1-\alpha}} h_i \quad (0 < \alpha < 1) \tag{1-41}$$

y_i 为劳均产出，根据式（1-41）就可以直接比较各地区收入差距中全要素生产率、资本产出比和人力资本这三个因素的影响程度了（李静，2006）。通过比较式（1-38）和式（1-41）可以发现，利用索洛模型和利用修正索洛模型所计算出的全要素生产率的关系，用 $A_{索}$ 表示利用索洛模型的计算结果，$A_{修}$ 表示利用修正索洛模型的计算结果，则有 $A_{修} = A_{索}^{\frac{1}{1-\alpha}}$。由于 $0 < \alpha < 1$，$0 < A < 1$，所以 $A_{修} < A_{索}$。α 越是趋近于 0，则 $A_{修}$ 就越大，越趋近于 $A_{索}$；α 越是趋近于 1，$A_{修}$ 就越小于 $A_{索}$。

虽然索洛模型在测算全要素生产率的研究中应用广泛，但 Hall 和 Jones （1999） 以及 Easterly 和 Levine （2001） 等人认为，修正的索洛模型可以更好地反映偏好、禀赋、文化以及地理等因素对稳态经济水平效应的作用，比索洛模型更适合研究不同国家和地区产出水平的差异。基于这一观点，本书主要采用修正索洛模型来测算中国各省区的全要素生产率。

二　资本和劳动产出弹性的确定

除测算模型外，资本和劳动产出弹性的确定是另一个测算全要素生产率时需要解决的重要问题。由于假设规模报酬不变，所以只需要确定资本产出弹性就可以了。资本产出弹性的测算是一个比较困难的问题，当前主要有三种方法：回归法、收入份额法和经验法。

回归法就是利用计量经济学方法来确定产出弹性。以柯布 – 道格拉斯生产函数为例，通过取对数可得到如下形式的方程：

$$\ln Y = c + \alpha \ln K + \beta \ln L + T + \varepsilon \tag{1-42}$$

其中，Y、K、L分别为产出、资本和劳动力，c为常数项，α为资本产出弹性，β为劳动产出弹性，T为趋势项，ε为随机扰动项。利用相关统计数据通过回归方法可得到资本和劳动产出弹性的估计值，然后利用估计值代替真实值进行 TFP 测算。回归法也存在一些问题。其一，模型的设定是不是生产函数的真实形式，如果不是就不能用这种方程来估计参数。其二，趋势项的函数形式设定是否合理，若不合理就会带来逻辑上的循环论证。其三，一般来说 Y、K、L 这些变量都是不平稳的，除非它们存在协整关系，否则伪回归问题将不可避免。另外，K、L 的多重共线性也会影响估计结果的可信度。其四，ε 通常会存在自相关的情况，这样回归结果的准确性就会有所降低。由于回归法存在以上缺陷，许多学者在测算要素弹性时都放弃了回归法，转而采用其他非计量经济学方法。

收入份额法就是将国内（地区）生产总值分解为劳动者报酬、固定资产折旧、生产者净税和营业盈余四个部分，可将劳动者报酬占 GDP 的比重作为劳动产出弹性，其余部分占 GDP 比重作为资本产出弹性。采用这一方法必须满足两个重要的假设条件：一是厂商是要素价格的接受者；二是厂商追求利润最大化。在完全竞争的市场经济环境中这些条件可以实现。中国当前正处于经济体制转轨时期，市场化程度比较低，各种生产要素的流动性差，这些现实的情况离完全竞争市场假设差距较大，另外中国的统计制度和统计体系还有许多不完善之处，劳动者报酬的数据质量也是一个重要问题，若再考虑到劳动力的跨区域流动及收入在地区间的转移支付这些因素，利用收入份额法确定的资本产出比率可能是很不准确的。

经验法即根据以往学者研究所得出的一致性结论来确定要素产出弹性的方法。卡多尔认为一国经济中资本的弹性系数长期以来表现得相当稳定。据测算，工业化国家的资本产出弹性的范围为 0.25~0.4，一般为 0.3 左右；发展中国家由于资本要素相对稀缺，其资本产出系数比发达国家高，一般为 0.3~0.65，通常会超过 0.4。从相关研究文献来看，国内外大多数学者都认同中国的资本产出弹性为 0.4。Young（1995）研究认为中国的资本产出弹性为 0.4，其他一些学者如沈坤荣（1999）、邓翔和李建平（2004）等也都认同这一结论。因此，我们根据以往研究经验认定中国的资本产出弹性为 0.4，并且各省份具有相同的资本产出弹性。

三　样本及相关数据的说明

由于受到人力资本数据的限制，本部分内容的考察时段为 1985~2007 年。省区产出水平 Y 用 GDP 数据表示，其数据来源于相应年份的《中国统计年鉴》。下面对模型涉及的其他变量及相关数据进行说明。

资本存量 K 的估算是一个难题,相关研究对其测算的方法不尽相同,所得出的数据也存在着较大的差异。其中,应用比较普遍的方法是永续盘存法,其公式为:

$$K_t = I_t + (1 - \delta_t) K_{t-1} \tag{1-43}$$

其中,K_t 为第 t 年的资本存量,K_{t-1} 表示第 $t-1$ 年的资本存量,I_t 表示第 t 年的投资,δ_t 表示第 t 年的折旧率。由公式(1-43)可知,估算资本存量必须解决以下几个问题:一是当年投资 I 的确定;二是投资价格指数的构造;三是折旧率 δ 的确定;四是基年资本存量 K 的确定。许多相关研究都把固定资本形成总额作为当年的投资额而不是全社会固定资产投资额。全社会固定资产投资额存在的主要问题是与 SNA 的统计体系不相容,是中国投资统计特有的指标(张军、吴桂英、张吉鹏,2004)。因此,这里把固定资本形成总额作为衡量当年投资 I 的合理指标。至于固定资产投资价格指数的构造,利用《中国国内生产总值核算历史资料(1952～1995)》中提供的各年固定资本形成总额(当年价格),以及以1952 年为 1 和以上一年为 1 的固定资本形成总额指数,就可以计算出各省历年以 1952 年为 1 和以上一年为 1 的投资隐含平减指数,公式如下:

某年的固定资本形成总额指数(1952 年 = 1)=

$$\frac{\text{某年的固定资本形成总额(当年价格)}/\text{某年的投资隐含平减指数(1952 年 = 1)}}{1952 \text{ 年的固定资本形成总额(当年价格)}}$$

某年的固定资本形成总额指数(上一年 = 1)=

$$\frac{\text{某年的固定资本形成总额(当年价格)}/\text{某年的投资隐含平减指数(上一年 = 1)}}{\text{上年的固定资本形成总额(当年价格)}}$$

然后再将其折算成以 1978 年为基期的投资隐含平减指数来代替固定资本投资价格指数。1995 年以后的数据则直接采用历年《中国统计年鉴》公布的固定资产投资价格指数。有了固定资本投资价格指数就可以利用它平减各年投资，将其折算成以 1978 年不变价格表示的实际值。

按照张军等人（2004）的做法，各省折旧率均取 9.6%，基年（1978 年）的物质资本存量由当年的固定资本形成总额除以 10% 得出。有了以上数据就可以按照永续盘存法计算出各省历年的实际物质资本存量了。

劳动力 L 为各省区全社会从业人数。由于《中国统计年鉴》中许多省份的相关数据在 1998 年后出现了较大幅度的下降，为了保持数据的连续性，这里采用各省历年统计年鉴公布的全社会从业人员数据。

人力资本存量 h 用人均受教育年限表示。陈钊等（2004）利用地区虚拟变量的固定效应模型估计出了 1987～2001 年较为完整的省级人力资本存量数据，本书直接采用这一时段的数据，其他年份的数据由笔者按相同的方法计算得来。其中 1985 年、1986 年的数据来自相应年份的人口抽样估算数据，2002～2007 年的数据来自相应年份的《中国统计年鉴》。

四　测算结果分析

利用修正索洛模型及相关数据，我们可以求出各省区历年的全要素生产率。以上海和东部地区作为参照，可进一步得出各地区在 1985～2007 年的劳均产出、资本产出比、人力资本存量及全要素生产率的相对差异，结果见表 1-1。从表 1-1 的数据可以看到，中部地区的劳均产出只相当于东部的 41.8%，西部地区相当于东部的

34.4%，东部和中部地区劳均产出的差距要远远大于中部和西部地区的差距。就资本产出比来看，西部地区大于东部地区，而东部地区又大于中部地区，资本产出比的这种变化并没有与劳均产出的地区差距形成明显的大小对应关系。另外，相比劳均产出，东部、中部、西部的资本产出比的差距较小，因此可以判定资本投入因素并不是造成地区经济差距的最主要原因。从表1-1可知三大地带人力资本存量要素（人均受教育年限）与劳均产出呈现出相同的大小顺序，但它们之间仅相差0.1左右，差距不大，由此可知人力资本存量要素的差距也不是地区经济差距的主要决定因素。就全要素生产率来看，中部地区相当于东部的49.6%，而西部地区仅相当于东部的37.5%。东部地区与中部地区的全要素生产率差距要远大于中部地区与西部地区的全要素生产率差距，地区间全要素生产率的这种差异状况与劳均产出的差异状况比较吻合。由此可以推测，全要素生产率与中国省际经济差距存在某种关系，从而对中国省际经济差距的形成产生一定的影响。

表1-1　1985~2007年各省区劳均产出、资本产出比、
人力资本存量及全要素生产率相对差异

地　区	劳均产出（Y/L）	资本产出比（K/Y）	人力资本存量（h = H/L）	全要素生产率（A）
北　京	0.4933	2.7396	1.0660	0.2362
天　津	0.4892	1.3409	0.9396	0.4405
河　北	0.1903	1.3794	0.8050	0.1884
山　西	0.1671	1.9052	0.8497	0.1275
内蒙古	0.2022	1.6227	0.8113	0.1752

续表

地　区	劳均产出（Y/L）	资本产出比（K/Y）	人力资本存量（h = H/L）	全要素生产率（A）
辽　宁	0.2986	1.0847	0.8864	0.3244
吉　林	0.2089	1.1814	0.8777	0.2155
黑龙江	0.2240	1.0578	0.8606	0.2679
上　海	1	1	1	1
江　苏	0.3000	1.4276	0.7889	0.2905
浙　江	0.2669	1.1910	0.7715	0.2950
安　徽	0.1211	1.0098	0.7140	0.1720
福　建	0.2315	0.7835	0.7471	0.3726
江　西	0.1428	1.4036	0.7727	0.1493
山　东	0.1967	1.3352	0.7681	0.2102
河　南	0.1207	1.2457	0.7936	0.1330
湖　北	0.1629	0.7514	0.7973	0.2471
湖　南	0.1101	0.8298	0.8051	0.1604
广　东	0.2945	1.0008	0.8235	0.3578
广　西	0.0844	1.2706	0.7696	0.0941
四　川	0.1533	1.0609	0.7338	0.2426
贵　州	0.0658	1.3391	0.6436	0.0882
云　南	0.0905	1.2919	0.6345	0.1239
陕　西	0.1335	1.3470	0.7939	0.1434
甘　肃	0.1181	1.4920	0.6710	0.1376
青　海	0.1161	2.5922	0.6192	0.1020
宁　夏	0.1360	2.0935	0.7325	0.1183
新　疆	0.1947	1.7433	0.8151	0.1671
东　部	1	1	1	1
中　部	0.4179	0.8832	0.9410	0.4955
西　部	0.3442	1.1935	0.8404	0.3747

　　注：本表以上海和东部地区作为参照对象，其各项指标均为1，其他地区相应指标均为与其相比的比率。

第三节　传统全要素生产率与省际经济差距的动态分布分析

通过初步分析可以看到，全要素生产率对中国省际经济差距有着一定的影响，那么这种影响到底有多大？它是不是造成中国省际经济差距的主要原因？在解决这些问题之前，需要对当前有关地区经济差距影响因素研究的相关文献进行梳理和总结，然后再利用动态分布法对中国省区产出、全要素生产率及要素投入的动态演化趋势进行对比，分析各因素对中国省际经济差距的影响，并利用方差分解法进一步测度各因素对省际经济差距的贡献大小。

一　地区经济增长差距影响因素研究综述

找到造成地区差距的原因必须从影响地区经济增长的因素入手。影响地区经济增长的因素总体上可以分为要素投入和全要素生产率两大类。要素投入是指资本、劳动力及自然资源的投入；全要素生产率是指除投入因素以外的促进经济增长的因素，它包括技术进步和效率改善两个方面。其中技术进步（如新工艺的采用、技术改造、设备更新等）将新技术应用于生产过程，引起生产要素的发展而转化为直接的生产力来促进经济增长，而效率改善则是通过产权制度改革、完善组织结构、提高内部管理水平和促进要素自由流动等手段促进经济增长（魏世红，2008）。上述各因素促进经济增长的过程如图 1-2 所示。

当前有关中国地区差距成因的研究较多，这些文献或者直接从要素投入和全要素生产率这两大类因素入手，或者从中选取一个或几个方面进行更为细致的分析。地区差异成因是任何地区差

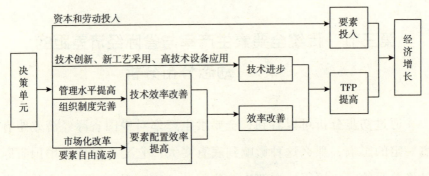

图1-2　各因素促进经济增长

距研究不可回避的问题。国内外众多经济学者都试图通过各种经验理论和统计检验对中国地区差距成因提出自己的解释，具体而言，研究方法大致可分为两类：一是收敛分析法，二是方差分解法。

收敛分析法是较为常用的一种地区差距分析方法，它以样本期间的人均产出增长率为因变量，以初始人均产出和一些控制变量如储蓄率、人口增长率等为自变量，通过对方程回归估计所得出的初始人均产出回归系数的正负号及显著性来确定地区经济增长的收敛性（包括绝对收敛和条件收敛）。这种方法能够表明在一定时期及一定条件下区域收入（产出）收敛的存在，同时也能够揭示许多影响地区经济增长差异的因素，从而寻找造成地区经济差距的根源和机制。蔡昉、都阳（2000）通过使用1978~1998年的分省时间序列数据对中国地区经济增长进行了条件收敛分析。回归结果表明，人力资本的初始禀赋非常显著地与增长率正相关，是影响地区经济增长差距的重要因素；市场机制作用及开放程度的差异也是造成地区差异的重要原因。沈坤荣、马俊（2002）对改革开放以来中国省际的经济增长差异进行了实证分析，认为在回归模型中依次引入人力资本、外贸依存度、工业化进程以及地区虚拟变量后，回归方程的解释能力逐渐提高，各省份间表现出较为显著的条件收敛迹象；人力资本、外贸依存度、工业化进程对各省的经济增长具有显著的正向作用，即这三种因素是导致省际经济增长差异的重要原因。此外，林毅夫、刘培林（2003）考察了经济发展战略对劳均资本积累、技术进步进而对区域经济趋同与差异的影响，认为经济发展战略对中国区域经济趋同与差异的影响至关重要。郝睿（2006）采用绝对收敛方程考察了中国 30 个省区 1978～2003 年的物质资本积累、效率改善、技术进步和人力资本投入这四个因素的收敛效应。实证结果表明，中国地区差距发展趋势不容乐观，效率改善是唯一使地区间差距趋于缩小的因素，但是其作用随时间推移逐步减小。

　　方差分解法从修正索洛模型出发，针对影响经济增长的要素投入和全要素生产率两种因素进行地区差距贡献分析。其优点是能够直接测算出两种因素对地区差距的影响程度，使相关分析更加明确。具体做法是将修正索洛模型变为人均或劳均数量形式，然后取自然对数，再对取对数的人均或劳均产出求方差，通过公式变换将劳均产出方差分解为全要素生产率的贡献和要素投入的贡献两个部分，通过比较二者的大小来判断哪个因素是导致地区经济差距的主要因素。例如，彭国华（2005）利用修正索洛模型测算出中国1982～2002 年的全要素生产率，并对中国的地区收入差距进行了方差分解，结果发现，全要素生产率的贡献一直占主导地位，平均比重为 75%，要素投入的贡献居于次要地位，平均比重为 25%；李静等人（2006）运用 Cohen 和 Soto 增长核算模型估计了中国省份的全要素生产率，并计算了要素投入和全要素生产率对地区差距的贡献度，认为全要素生产率的差距是中国地区差距的最主要根源；傅晓霞、吴利学（2006）通过索洛余值核算发现中国地区经济差异主要来源于要素积累而非全要素生产率，前者的贡献份额大约是后者的 3 倍，同时还发现，1990 年以后要素投入对地区差距的贡献正快速下降，全要素生产率的作用持续提高，将成为今后地区差距的关键性决定因素。

二 地区经济差距的动态分布分析

收敛分析法和方差分解法是较常用的地区差距原因分析方法，它们虽能在一定程度上反映出地区收入差距与各种影响因素之间的变化关系，但无法揭示变量的分布形态和长期趋势。而动态分布法则可以解决这一问题，它能够通过分布密度判断变量的收敛区间和程度，并通过转换概率矩阵和遍历分布来揭示其收敛过程的动态演化趋势。我们下面将利用这一方法并结合方差分解法，分析全要素生产率对中国省际经济差距的影响。

（一）劳均产出分布分析

为了更直观地揭示相对劳均产出分布的动态演进趋势，笔者选取 Epanechnikov 核函数和 Silverman 最佳带宽，利用核密度估计给出相对劳均产出在期初（1985 年）和期末（2007 年）以及它们的中间年份（1996 年）的密度分布，以分析省际差距的变化规律和趋势，结果如图 1 - 3 所示。

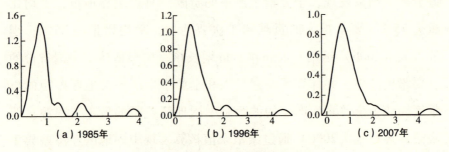

图 1 - 3   相对劳均产出核密度分布

由图 1-3 可以看出，1985～2007 年中国省区相对劳均产出分布的动态演进呈现出两个明显的特点。第一，中国各省区的相对劳均产出都得到了不同程度的提高。相对劳均产出分布波峰在三个时期都位于同期较低水平上，但较低相对劳均产出水平上的概率密度在明显降低，体现在波峰高度持续下降且向右移动即波峰所对应的劳均产出在逐步提高。第二，中国各省区的相对劳均产出分布从多峰分布向双峰分布演进，并且最高波峰与最低波峰的水平间距也在扩大，即从长期来看，中国省际经济差距呈现两极分化趋势。

（二）全要素生产率分布分析

同样，将修正索洛模型测算出的各省区的全要素生产率除以同期所有地区的平均值就可以得到相对全要素生产率，根据整体数据水平选取四个界点值（0.55，0.77，0.99，1.21），将相对全要素生产率观测样本分为五组，然后计算出转换概率矩阵和遍历分布（见表 1-2）。

表 1-2　相对全要素生产率的转换概率矩阵及遍历分布（1985～2007 年）

类型	<0.55	0.55~0.77	0.77~0.99	0.99~1.21	>1.21
<0.55	0.940	0.060			
0.55~0.77	0.047	0.922	0.031		
0.77~0.99		0.065	0.870	0.065	
0.99~1.21			0.100	0.729	0.171
>1.21				0.066	0.934
遍历分布	0.232	0.297	0.141	0.092	0.238

由表 1-2 可以看出，相对全要素生产率的概率转换矩阵及遍历分布与相对劳均产出非常相似。在两极区间全要素生产率保持不变的概率都比较大，而在其余区间则向两端分化，相对全要素生产

率较低的区域更倾向于降低其水平，相对全要素生产率水平较高的区域则更倾向于提高其水平，即形成了中间弱化、两极强化的态势。从遍历分布来看，全要素生产率呈双峰收敛趋势，全要素生产率处于低和较低水平的区域占52.9%，处于高和较高水平的区域占33%，而处于中间水平的区域仅占14.1%。由以上分析可知，与劳均产出一样，中国省区全要素生产率差距也呈现出扩大趋势。另外，劳均产出与全要素生产率的遍历分布相关系数高达0.98，由此可知全要素生产率对中国省际经济差距有重要影响。

　　这里可以利用核密度分析进一步印证这一结论。图1-4同样给出了相对全要素生产率在1985年、1996年和2007年的密度分布。由图1-4可以看出：第一，各省区相对全要素生产率水平都有不同程度的提高；第二，相对全要素生产率分布始终呈现双峰分布状态；第三，相对全要素生产率分布主峰峰体逐渐变宽且间距在逐渐变大；第四，从长期看，两个波峰所对应的相对全要素生产率水平的差距总体上在扩大。由以上分析可以看出，中国省际全要素生产率差距也在逐步扩大，与劳均产出具有相似的演进趋势，因此可以判断全要素生产率是影响中国省际经济差距的一个重要因素。

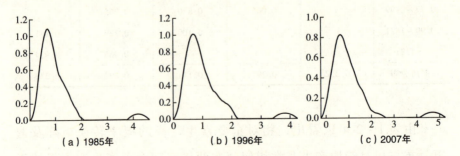

(a) 1985年　　　　(b) 1996年　　　　(c) 2007年

图1-4　相对全要素生产率核密度分布

（三）要素投入分布分析

全要素生产率是不是造成中国省际经济差距的最主要原因？为了明确这一问题，还需要对要素投入因素进行分析。要素投入即索洛模型中 $(K_i/Y_i)^{\frac{\alpha}{1-\alpha}}h_i$ 部分，包括物资资本和人力资本因素。与劳均产出一样，将各地要素投入除以同期所有地区的平均值就可以得到相对要素投入，根据整体数据水平选取四个界点值（0.70，0.85，1.00，1.15），将相对要素投入观测样本大致分为五组，然后计算出转换概率矩阵和遍历分布（见表1-3）。

表1-3　相对要素投入的转换概率矩阵及遍历分布（1985~2007年）

类型	<0.70	0.70~0.85	0.85~1.00	1.00~1.15	>1.15
<0.70	0.912	0.088			
0.70~0.85	0.052	0.887	0.061		
0.85~1.00		0.054	0.876	0.070	
1.00~1.15			0.115	0.827	0.058
>1.15				0.067	0.933
遍历分布	0.147	0.250	0.282	0.172	0.149

由表1-3中的转换概率矩阵可以看到，相对要素投入处于低和较低水平的区域更倾向于提高其要素投入水平，而相对要素投入处于高和较高水平的区域则更倾向于降低其要素投入水平，从而呈现出两极弱化、中间强化的态势。这与劳均产出情况刚好相反。从遍历分布来看，要素投入呈现单峰收敛趋势，有53.2%的地区处在（0.70，1.00）的区间内，而其他地区在其余区间的分布比例较低且相对均衡。因而，从整体上看，中国区域要素投入分布大体呈纺锤状，与劳均产出的"U"形分布有很大差异。另外，劳均产出与要素投入的遍历分布相关系数也仅为0.09，由此可知要素投入并不

是导致中国省际经济差距扩大的最主要原因。

　　同样，可以利用核密度估计给出相对要素投入在 1985 年、1996 年和 2007 年的密度分布。由图 1 - 5 可以看出，相对要素投入最初呈单峰分布，后来又呈现双峰分布，但两个波峰所对应的相对要素投入差距则呈现缩小趋势。因此，从长期来看，要素投入呈现单峰收敛趋势，这与劳均产出的变化趋势是相反的。由此可以进一步肯定，全要素生产率是造成中国省际经济差距的最主要因素。

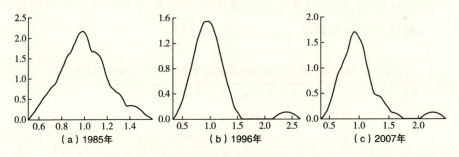

（a）1985年　　　　（b）1996年　　　　（c）2007年

图 1 - 5　相对要素投入核密度分布

三　对分析结果稳健性的检验

　　动态分布法虽然可以通过比较劳均产出分布与全要素生产率及要素投入分布的相似性来推断造成地区经济差距的主要原因，但它无法在数量上度量全要素生产率及要素投入的差距贡献份额。为了进一步验证动态分布分析结果的稳健性，这里利用方差分解法来计算全要素生产率及要素投入对省际产出差距的贡献。

　　把修正索洛模型中的要素投入部分定义为 X_i：

$$X_i = \left(\frac{K_i}{Y_i}\right)^{\frac{\alpha}{1-\alpha}} h_i \tag{1-44}$$

　　代入修正索洛模型，然后取对数可得：

$$lny_i = lnA_i + lnX_i \qquad (1-45)$$

式（1-45）意味着劳均产出可以表示为要素投入和全要素生产率之和。为考察各因素对样本期内经济差异的总体影响及变化趋势，可以对地区劳均产出进行方差分解。

$$var(lny_i) = cov(lny_i, lnA_i + lnX_i) = cov(lny_i, lnA_i) + cov(lny_i, lnX_i)$$
$$(1-46)$$

即

$$\frac{var(lny_i)}{var(lny_i)} = \frac{cov(lny_i, lnA_i)}{var(lny_i)} + \frac{cov(lny_i, lnX_i)}{var(lny_i)} = 100\% \qquad (1-47)$$

式（1-46）和式（1-47）中的 var 和 cov 分别是方差和协方差的符号。式（1-47）表示把各地区劳均产出的方差分解为全要素生产率的贡献和要素投入的贡献两个部分，据此可以判断它们对地区差距贡献的大小。这种分解方法是由 Klenow 与 Rodriguez - Clare（1997）于 1997 年首先提出，我们称之为"K-R 分解法"。

与上述分解方法不同，Easterly 和 Levine（2001）从另一个角度进行了方差分解（简称"E-L 分解法"），把地区劳均产出差异分解为要素投入差异、全要素生产率差异和二者的协方差三个部分：

$$var(lny_i) = var(lnX_i) + var(lnA_i) + 2cov(lnX_i, lnA_i) \qquad (1-48)$$

$$\frac{var(lnA_i)}{var(lny_i)} + \frac{var(lnX_i)}{var(lny_i)} + \frac{2cov(lnA_i, lnX_i)}{var(lny_i)} = 100\% \qquad (1-49)$$

与 K-R 分解法相比，E-L 分解法多了交叉项 $2cov(lnX_i, lnA_i)$，Easterly 和 Levine 认为这一项可以反映要素投入和全要素生产率的相互影响对地区差距的贡献。下面我们将利用这两种方法进行省际经济差距的贡献分解。

就 K-R 分解法而言，由表 1-4 及图 1-6 可以看到，全要素生产率对省际经济差距的贡献一直占据主导地位，其贡献率在 1990 年的最低值75.05%和1985年的最高值90.33%之间波动，平均贡献率为82.34%。具体而言，1985～1990年全要素生产率贡献呈现稳步下降态势；1991～1999年全要素生产率贡献则稳定在77%左右；2000年以后其贡献率整体呈现上升态势。要素投入的变化趋势则与全要素生产率相反，其贡献率在1985年的最低值9.67%和1990年的最高值24.95%之间波动，平均贡献率为17.66%，始终居于次要地位。

　　从E-L分解法来看（见表1-4和图1-7），全要素生产率对省际经济差距的贡献也一直占据主导地位，其变化趋势与K-R分解法基本一致，只是同期的全要素生产率贡献总体上要比K-R分解法所计算的略大。与K-R分解法不同的是，E-L分解法中的要素投入贡献基本上维持在20%左右，变化幅度较小。从交叉项来看，1985～1990年其贡献率呈上升趋势，1991～1996年呈下降趋势，在经历了1997～2000年的起伏之后，又逐步呈现下降趋势。对于较多年份出现的交叉项为负数的解释是，中国1978年以来的三次变革使得农业生产组织方式和工业企业经营方式以及对外开水平发生了巨大的变化。这些变化促进了体制创新和技术创新，极大地提高了生产经营效率，且落后地区的改革成果往往更显著，因而总体上全要素生产率与资本投入呈负相关关系，从而使交叉项为负值。

表1-4　全要素生产率与要素投入对省际经济差距的贡献份额

单位:%

分解方法	变量	1985年	1987年	1990年	1992年	1995年	1997年	2000年	2002年	2005年	2007年	均值
K-R分解法	要素投入贡献	9.67	14.70	24.95	22.12	22.12	22.84	16.66	14.68	13.46	10.78	17.66
	全要素生产率贡献	90.33	85.30	75.05	77.88	77.88	77.16	83.34	85.32	86.54	89.22	82.34

续表

分解方法	变量	1985年	1987年	1990年	1992年	1995年	1997年	2000年	2002年	2005年	2007年	均值
E-L分解法	要素投入贡献	16.34	17.02	20.35	20.05	22.41	23.41	18.35	19.47	21.99	22.11	20.18
	全要素生产率贡献	97.01	87.62	70.44	75.82	78.17	77.74	85.04	90.11	95.08	100.01	84.85
	交叉项贡献	-13.34	-4.65	9.21	4.13	-0.57	-1.15	-3.39	-9.58	-17.08	-22.66	-5.03

注：由于1985~2007年这一时段不能均分，本表选择分别间隔2年和3年的数据给出结果。

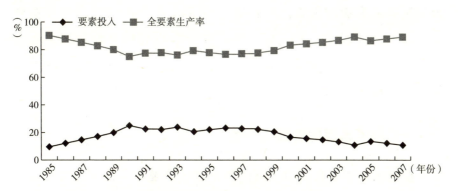

图1-6　全要素生产率与要素投入对省际经济差距贡献份额的变化趋势（K-R分解法）

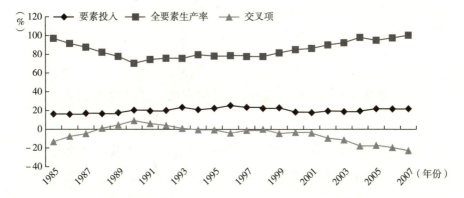

图1-7　全要素生产率与要素投入对省际经济差距贡献份额的变化趋势（E-L分解法）

由以上分析可以看出，全要素生产率对地区差距的影响比要素投入大，是导致中国省际经济差距的主要因素。这与前面的初步分析结论是一致的，证明了动态分布法分析结果的稳健性。

第四节　传统全要素生产率与省际经济差距的长短期关系

动态分布法是研究地区经济差距的一种重要方法，但其对地区差距和影响因素的分布分析是分别进行的，只能通过比较分布状态的相似性来推断它们之间的相互关系，但还不能真正地反映出地区差距和影响因素之间的直接联系。本节拟通过协整检验和建立误差修正模型（VECM）进行脉冲响应分析来弥补动态分布法研究的不足，从另一个视角分析全要素生产率对中国省际经济差距的影响。

一　地区差距的度量

根据前述相关数据以及所测算出来的全要素生产率，我们首先利用变异系数（CV）对各省历年劳均 GDP 差距、要素投入及全要素生产率差距进行统计度量，变异系数公式为：

$$CV = \sqrt{\sum_{i=1}^{n} (x_i - \frac{1}{n}\sum_{i=1}^{n} x_i)^2 / n} \bigg/ \frac{1}{n}\sum_{i=1}^{n} x_i \qquad (1-50)$$

变异系数是衡量地区差距较常用的方法，其数值越大表明该变量地区间的差距越大。

由图 1-8 可以看出，1985~2001 年劳均 GDP 变异系数总体呈上升趋势，中国省际经济差距在此期间逐步扩大。2001 年以后，劳均 GDP 变异系数则呈下降趋势，中国省际经济差距略有缩小。由

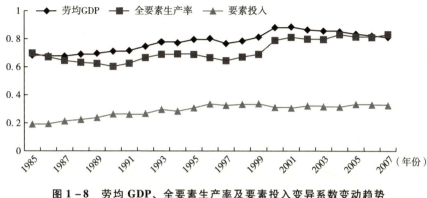

图 1 - 8　劳均 GDP、全要素生产率及要素投入变异系数变动趋势

图 1 - 8 还可以看出，全要素生产率变异系数的变动趋势和劳均 GDP 变异系数的变化非常相似，而要素投入变异系数的变化与劳均 GDP 变异系数的变化差别较大。特别是 1990～2003 年，全要素生产率变异系数和劳均 GDP 变异系数的相关系数高达 0.94，而要素投入变异系数与劳均 GDP 变异系数的相关系数仅为 0.61。由此可知，相对于要素投入而言，全要素生产率与中国省际经济差距的关系似乎更为密切。以上只是简单的直观判断，究竟要素投入和全要素生产率对省际经济差距会造成多大的影响？这种影响的长期和短期状况又是怎样的？它们有着怎样的动态过程？对此本节将做进一步的分析。

二　协整检验

在进行协整检验之前，必须对相关变量进行平稳性检验。为此，首先对劳均 GDP 变异系数、要素投入变异系数以及全要素生产率变异系数取自然对数，并分别记为 $\ln LGDP$、$\ln X$、$\ln TFP$，它们的一阶差分序列分别记为 $\Delta \ln LGDP$、$\Delta \ln X$、$\Delta \ln TFP$。这样处理不仅不会改变这些变量的特性，而且更容易得到平稳序列。这里用 ADF 单位根检验三个变量的平稳性，其结果见表 1 - 5。

表 1 - 5　各变量及其差分的平稳性检验

变量	检验类型	ADF 统计量	1% 临界值	5% 临界值	结论
$\ln LDGP$	$(c, t, 1)$	-1.433	-4.469	-3.645	不平稳
$\Delta\ln LGDP$	$(c, 0, 0)$	-3.351**	-3.786	-3.011	平稳
$\ln X$	$(c, t, 3)$	-2.556	-4.535	-3.675	不平稳
$\Delta\ln X$	$(c, 0, 0)$	-4.531*	-3.786	-3.011	平稳
$\ln TFP$	$(c, t, 1)$	-3.165	-4.469	-3.645	不平稳
$\Delta\ln TFP$	$(c, 0, 0)$	-3.203**	-3.786	-3.011	平稳

注：*、**分别表示在1%和5%水平上显著；检验类型为 (c, t, k)，其中的 c 和 t 表示带有常数项和趋势项，k 表示所采用的滞后阶数，其选择依据是 AIC 和 SC 值最小准则。

由表 1 - 5 可知三个变异系数序列是不平稳的，而其一阶差分则是平稳的，因而三个变量是 I（1）过程，可以应用基于 VAR 模型的 Johansen 极大似然法来检验它们之间的协整关系。VAR（p）模型（不含外生变量）的数学表达式是：

$$y_t = \Phi_1 y_{t-1} + \cdots + \Phi_p y_{t-p} + \varepsilon_t, t = 1, 2, \cdots, T \qquad (1-51)$$

式（1 - 51）中，y_t 是 k 维内生变量列向量，p 是滞后阶数，t 是样本个数。$k \times k$ 维矩阵 Φ_1，$\cdots$，Φ_p 是待估系数矩阵，ε_t 为 k 维扰动列向量。在进行协整检验之前，必须确定 VAR 模型的滞后阶数。VAR 模型的滞后阶数越大，越能完整反映模型的动态特征。但是滞后期越长，模型待估参数就越多，自由度就越低，所以在选择滞后阶数时应在滞后期与自由度之间寻求平衡。通常依据 AIC 和 SC 准则确定模型的最优滞后阶数。Eviews 5.0 测试表明，当滞后阶数 $p = 4$ 时，三个变异系数序列所构成的 VAR 模型的 AIC 值和 SC 值最小。因此，选择 $p = 4$ 作为无约束 VAR（p）模型的最优滞后阶数。式（1 - 51）经过差分变换后可得 Johansen 协整检验模型：

$$\Delta y_t = \Pi y_{t-1} + \sum_{i=1}^{p-1} \Gamma_i \Delta y_{t-i} + \varepsilon_t \qquad (1-52)$$

式（1 - 52）中，$\Pi = \sum_{i=1}^{p} \Phi_i - I$ 为压缩矩阵，$\Gamma_i = -\sum_{j=i+1}^{p} \Phi_j$ 为系

数矩阵，基于 VAR 模型的协整检验模型实际上是对上述无约束
VAR 模型进行协整约束后所得到的 VAR 模型。根据 Johansen 的检
验原理，判断变量之间协整关系的关键是确定压缩矩阵 $\prod$ 的秩 r 的
大小。Johansen 检验构造了如下迹统计量检验（Trace Statistic）：

$$\eta_r = -T \sum_{i=r+1}^{k} \ln(1 - \lambda_i), r = 0, 1, \cdots, k - 1 \qquad (1-53)$$

其中，k 是向量 y_t 中包含的时序变量个数，T 为样本容量，λ_i
为第 i 步的最大特征根；而 r 则是假设的协整关系的个数，其取值
范围为 $0 \sim k - 1$。

零假设 H_0：压缩矩阵 $\prod$ 的秩为 r，即这一组时间序列中有 r 个
协整关系；备择假设 H_1：压缩矩阵 $\prod$ 的秩为 k，即 y_t 为一平稳过
程。具体检验方法是，根据 Johansen 检验模型及迹统计量检验公
式，依次令 $r = 0$，1，$\cdots$，$k - 1$，得到相应的统计量 η_r，直到出现
第一个不显著的 η_r，此时的 r 即该组变量中存在的协整关系的个数。

另一个类似的检验方法是最大特征值检验，其形式为：

$$\zeta_r = -T\ln(1 - \lambda_{r+1}), r = 0, 1, \cdots, k - 1 \qquad (1-54)$$

ζ_r 为最大特征值统计量，检验过程与迹统计量检验基本相同，
直到出现第一个不显著的 ζ_r，此时的 r 即协整关系的个数。

根据以上方法本文对三个变异系数序列进行协整检验，具体检
验结果如表 1-6 和表 1-7 所示。

表 1-6　Johansen 协整检验结果（迹统计量）

H_0	特征值	迹统计量	5% 临界值	相伴概率
$r = 0^*$	0.8027	38.2194	29.7971	0.0043
$r \leqslant 1$	0.2291	5.7542	15.4947	0.7244
$r \leqslant 2$	0.0271	0.5492	3.8415	0.4586

注：检验形式采取序列和协整方程都有线性趋势；综合考虑样本的数量、相应的残差诊断
检验以及协整关系式的显著性，在协整检验时我们选取滞后期为 2；＊为在 5% 的显著水平上拒
绝零假设；所有结果均由 Eviews 5.0 计算得出。

表 1 – 7   **Johansen 协整检验结果（最大特征值）**

H_0	特征值	最大特征值	5% 临界值	相伴概率
$r = 0$ *	0.8027	32.4652	21.1316	0.0009
$r \leqslant 1$	0.2291	5.2049	14.2646	0.7158
$r \leqslant 2$	0.0271	0.5492	3.8415	0.4586

注：＊为在 5% 的显著水平上拒绝零假设。

由表 1 – 6、表 1 – 7 可以看到，迹统计量检验和最大特征值检验均表明存在一个协整方程，劳均 GDP 变异系数、要素投入变异系数与全要素生产率变异系数三个序列之间至少存在一个协整关系。将协整关系进行标准化处理后，得到以劳均 GDP 变异系数为被解释变量的协整关系式如下：

$$\ln LGDP = 0.191 \ln X + 1.029 \ln TFP + 0.836 + EC_t \qquad (1-55)$$

其中，$\ln X$ 和 $\ln TFP$ 的 t 统计量的值分别为 0.527 和 1.578。从式（1 – 55）可以看到，要素投入变异系数的估计系数仅为 0.191，且 t 统计量也不显著，这说明要素投入差距对省际经济差距影响较小。全要素生产率变异系数的估计系数较大，为 1.029，其 t 统计量也通过了 10% 显著性检验，这说明全要素生产率差距对省际经济差距影响较大。式（1 – 55）说明三个变量存在长期稳定的均衡关系，具体来看，长期中要素投入差距与省际经济差距同方向变化，要素投入变异系数每上升 1 个百分点，省际经济差距就会扩大 0.19 个百分点；全要素生产率差距与省际经济差距也呈同方向变化，全要素生产率变异系数每上升 1 个百分点，省际经济差距就会扩大 1.03 个百分点。

三   误差修正模型及 Granger 检验

协整检验结果仅仅表明中国省际经济差距与要素投入及全要素

生产率差距之间存在一个长期均衡关系，但不能反映出它们之间的短期动态关系。为了考察它们的短期关系，同时验证它们之间是否存在因果联系，下面将通过建立误差修正模型做进一步的分析。

由于无约束 VAR 模型最优滞后阶数为 4，所以可以确定误差修正模型的滞后阶数为 3，建立模型如下：

$$\Delta \ln LGDP_t = \alpha_{1t}EC_{t-1} + \sum_{i=1}^{3}\left[\gamma_{1i}\Delta \ln LGDP_{t-i} + \eta_{1i}\Delta \ln X_{t-i} + \lambda_{1i}\Delta \ln TFP_{t-i}\right] + \varepsilon_{1t}$$

$$(1-56)$$

$$\Delta \ln X_t = \alpha_{2t}EC_{t-1} + \sum_{i=1}^{3}\left[\gamma_{2i}\Delta \ln LGDP_{t-i} + \eta_{2i}\Delta \ln X_{t-i} + \lambda_{2i}\Delta \ln TFP_{t-i}\right] + \varepsilon_{2t}$$

$$(1-57)$$

$$\Delta \ln TFP_t = \alpha_{3t}EC_{t-1} + \sum_{i=1}^{3}\left[\gamma_{3i}\Delta \ln LGDP_{t-i} + \eta_{3i}\Delta \ln X_{t-i} + \lambda_{3i}\Delta \ln TFP_{t-i}\right] + \varepsilon_{3t}$$

$$(1-58)$$

模型中 EC_{t-1} 为误差修正项，反映变量之间的长期均衡关系，系数矩阵 α 反映了变量之间偏离长期均衡状态时，将其调整到均衡状态的调整速度。模型中所有作为解释变量的差分项的系数反映各变量的短期波动对被解释变量短期变化的影响。通过对模型进行残差序列检验可知其在 5% 的显著水平上不存在自相关和异方差，且均满足正态性，检验结果如表 1-8 所示。

表 1-8　误差修正模型残差序列检验

检验项目	统计量	相伴概率	结论
自相关检验	$LM = 8.357$	0.499	无自相关
异方差检验	$WH = 92.926$	0.237	无异方差
正态性检验	$J-B = 4.56$	0.102	正态分布

注：本表结果由 Eviews 5.0 计算得出，LM 统计量滞后阶数为 5。

省际经济差距、要素投入及全要素生产率的误差修正模型估计结果如表 1-9 所示。

表 1 – 9 向量误差修正模型估计结果

方程	$\Delta \ln LGDP$	$\Delta \ln X$	$\Delta \ln TFP$
$EC(-1)$	$-0.475 \ (-4.190)$	$0.367 \ (1.535)$	$-0.504 \ (-2.224)$
$\Delta \ln LGDP(-1)$			
$\Delta \ln LGDP(-2)$	$-0.694 \ (-2.129)$		$-1.234 \ (-1.895)$
$\Delta \ln LGDP(-3)$	$-0.432 \ (-1.115)$		
$\Delta \ln X(-1)$	$-0.544 \ (-3.394)$		$-0.508 \ (-1.583)$
$\Delta \ln X(-2)$	$-0.220 \ (-1.252)$	$0.377 \ (1.020)$	
$\Delta \ln X(-3)$		$0.980 \ (3.019)$	$-0.413 \ (1.339)$
$\Delta \ln TFP(-1)$			
$\Delta \ln TFP(-2)$	$0.542 \ (2.139)$		$0.949 \ (1.875)$
$\Delta \ln TFP(-3)$	$0.348 \ (1.167)$		
R^2	0.791	0.699	0.575

注：本表删除了 t 统计量小于 1 的不显著项，所有结果均由 Eviews 5.0 计算得出。

就劳均产出变异系数方程来看，调整系数为 -0.475 且显著，这说明模型具有较好的误差修正机制。将式（1 – 55）写成误差修正项形式且两边同乘以调整系数 -0.475，可得各变量长期变动对于当期省际收入差距的影响方程：

$$-0.475ECM(-1) = -0.475\ln LGDP(-1) + 0.091\ln X(-1) + 0.489\ln TFP(-1) + 0.397$$

$$(1 - 59)$$

由式（1 – 59）可知，要素投入和全要素生产率差距的扩大会造成短期省际经济差距的扩大，其系数分别为 0.091 和 0.489。从短期动态关系来看，滞后 1 期和滞后 2 期的要素投入差距对省际经济差距起反向影响作用，其中滞后 1 期的影响更大、更显著；滞后 2 期和滞后 3 期的全要素生产率差距对省际经济差距起正向影响作用，其中滞后 2 期的影响更大、更显著。另外从表 1 – 9 还可以看到，短期的产出差距和全要素生产率差距变动对当期要素投入差距的影响非常小；滞后 2 期的产出差距和滞后 1 期与滞后 3 期的要素投入差距均对当期全要素生产率差距产生反向影响，但这种影响并不太显著（t 统计量均小于 2）。

省际经济差距、要素投入及全要素生产率之间存在协整关系，因此，可以进一步在其误差修正模型的基础上对各序列进行 Granger 因果关系检验。从表 1−10 可以看到，6 对关系中只有 2 对变量之间存在显著的 Granger 因果关系，即要素投入和全要素生产率差距都是省际经济差距的 Granger 原因。这是因为要素投入和全要素生产率是促进经济增长的两个重要因素，它们的差异必然会反映到经济发展成果的差异上来。由表 1−10 可知省际经济差距并不是要素投入和全要素生产率差距的 Granger 原因，这表明省际经济差距的扩大并不会必然导致要素投入和全要素生产率差距的扩大。这可以从国家的区域发展政策上得到解释，例如，中国东部与中西部经济发展差距较大，而国家为了实现总体区域的协调发展反而会在资金、技术上给予中西部更多的优惠政策和支持，这样反而可能会使东部、中部、西部省区间的要素投入和全要素生产率差距缩小。另外，从表 1−10 中还可以看到，要素投入差距和全要素生产率差距之间并不存在 Granger 因果关系，这说明二者之间并没有必然的直接联系。

表 1−10　基于误差修正模型的各变量之间的 Granger 因果检验结果

原假设	χ^2	显著性概率（p）	检验结论
$\Delta \ln X$ 非 $\Delta \ln LGDP$ 的 Granger 原因	12.382	0.006	拒绝原假设
$\Delta \ln TFP$ 非 $\Delta \ln LGDP$ 的 Granger 原因	8.470	0.037	拒绝原假设
$\Delta \ln LGDP$ 非 $\Delta \ln TFP$ 的 Granger 原因	4.955	0.175	接受原假设
$\Delta \ln X$ 非 $\Delta \ln TFP$ 的 Granger 原因	5.153	0.161	接受原假设
$\Delta \ln LGDP$ 非 $\Delta \ln X$ 的 Granger 原因	1.177	0.759	接受原假设
$\Delta \ln TFP$ 非 $\Delta \ln X$ 的 Granger 原因	1.230	0.746	接受原假设

注：本表数据由 Eviews 5.0 给出，采用的是 Wald 约束检验，检验结论在 5% 的显著水平上做出。

四 脉冲响应函数与方差分解

由上述分析可知，要素投入和全要素生产率差距与省际经济差距存在一定的短期动态关系和 Granger 因果关系。下面将继续在误差修正模型的基础上采用脉冲响应函数与方差分解方法，从另一个角度分析三者的短期关系及对地区差距的贡献度。

（一）脉冲响应函数

脉冲响应函数[①]（Impulse Response Function，IRF）是研究变量间动态影响关系的一种方法，它用来衡量来自随机扰动项的一个标准差冲击对内生变量当前值和未来值的影响，它能够比较直观地刻画出变量之间的动态交互作用及其效应。由方程（1 - 51）可以得到向量移动平均模型（VMA）：

$$y_{it} = a_{ij}^{(0)} \varepsilon_{jt} + a_{ij}^{(1)} \varepsilon_{jt-1} + a_{ij}^{(2)} \varepsilon_{jt-2} + \cdots + a_{ij}^{(q)} \varepsilon_{jt-q} + \cdots, \quad t = 1,2,\cdots,T \quad (1-60)$$

假定在基期（$t = 0$）给 y_1 一个单位的脉冲，即 $\varepsilon_{1t} = 1$，那么，$a_{ij}^{(0)}, a_{ij}^{(1)}, a_{ij}^{(2)}, \cdots, a_{ij}^{(q)}, \cdots$ 就表示由 y_j 的脉冲引起的 y_i 的响应函数。

利用上述方法可以得出中国省际经济差距对要素投入和全要素生产率差距冲击的脉冲响应图（见图 1 - 9）。

由图 1 - 9 可以看到，省际经济差距对要素投入差距的脉冲响应模式和对全要素生产率差距的脉冲响应模式存在着较大差异。总体上看，无论是正向反应还是反向反应，全要素生产率差距的冲击力度都要远大于要素投入差距的冲击力度。

具体来看，当全要素生产率在第 1 期出现 1 个百分点的正向冲击后，劳均 GDP 差距增长率出现一个较快的增长过程，并在第 3

---

① 有关脉冲响应函数的详细介绍参见高铁梅，2009：281～287。

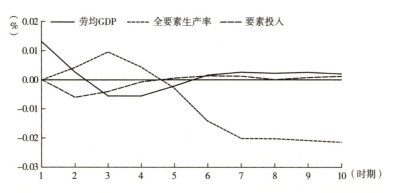

图 1-9 省际经济差距对全要素生产率冲击和要素投入冲击的脉冲响应

期达到最大值，使劳均 GDP 差距提高 0.01 个百分点。对这一时期
省际经济差距以较快的速度扩大的解释是，一些省区的全要素生产
率的正向冲击（如技术创新和技术引进）能够马上作用于生产过
程，从而对本地区的经济增长起到及时的拉动作用，这样就会在短
期内导致省际经济差距的快速扩大。从第 3 期开始，随着时间的推
移，劳均 GDP 差距增长率逐渐下降，并于接近第 5 期的时点上变
为 0，然后继续下降，变为负值，并于第 7 期开始保持 -0.02% 的
相对稳定水平。对于这一时期地区经济差距缓慢扩大到逐渐缩小的
解释是，技术创新往往首先在特定的区域内发生并运用于生产，使
发生技术创新的省区获得极大的经济收益，周边省区由于受经济利
益的吸引，会纷纷加以学习和模仿，从而导致技术的扩散，引起周
边省区经济快速发展，省际经济差距扩大速度会有所放缓，甚至会
出现省际经济差距缩小的状况。

就要素投入差距来看，当其在第 1 期出现 1 个百分点的正向冲
击后，劳均 GDP 差距增长率出现一个较快下降的过程，并在第 2
期达到最小值，使劳均 GDP 差距缩小 0.006 个百分点。对于这一时
期地区差距变化的解释是，某些发达省区的要素投入受到正向冲击
（如人口和劳动力的大量流入）的影响后，由于在短时期内 GDP 水

平不会有太大变化，劳动力的大量增加会迅速降低其劳均 GDP 水平，从而使省际经济差距趋向缩小。从第 2 期开始，要素投入冲击使省际经济差距增长率出现上升的趋势，并在接近第 5 期的时点上变为 0，然后继续上升，变为正值，并维持在 0.001% 左右的较低水平上。对于从第 2 期起，省际经济差距缩小速度放缓至差距逐渐扩大的解释是，要素投入正向冲击的另一种情况是某些省区投资的突然增加使省区间要素投入差距拉大，但投资对经济增长的拉动作用具有滞后性的特点，因而投资增加的省区与其他省区的经济差距扩大的现象也只能在随后的几期内出现。

总之，脉冲响应分析结果显示，全要素生产率冲击对省际经济差距一开始呈现正向影响，随后又出现负向影响。而要素投入冲击恰好相反，它对省际经济差距一开始呈现负向影响，而后才出现正向影响。就影响程度而言，全要素生产率冲击对省际经济差距的影响要远远大于要素投入冲击的影响。

（二）方差分解

方差分解是另一种描述系统动态的方法，它通过将系统的均方误差（Mean Square Error）进行分解，分析每个结构冲击对内生变量变化的贡献度，进一步评价不同结构冲击的重要性。若模型满足平稳性条件，脉冲响应函数 $a_{ij}^{(q)}$ 会随着 q 的增大呈几何级数性的衰减，所以只需要取有限的 s 项求近似的相对方差贡献率（RVC）：

$$RVC_{j \to i}(s) = \sum_{q=0}^{s-1} (a_{ij}^{(q)})^2 \sigma_{jj} \Big/ \sum_{j=1}^{k} \Big[\sum_{q=0}^{s-1} (a_{ij}^{(q)})^2 \sigma_{jj} \Big], \quad i,j = 1,2,\cdots,k$$

$$(1-61)$$

其中，σ_{jj} 是第 j 个变量的标准差，y_{it} 是自回归向量的第 i 个变量，$RVC_{j \to i}(s)$ 是根据第 j 个变量基于冲击的方差对 y_i 的相对贡献度

来反映第 j 个变量对第 i 个变量的影响程度。$RVC_{j \to i}(s)$ 的值越大，意味着第 j 个变量对第 i 个变量的影响越大。

地区经济差距即劳均 GDP 变异系数方差分解结果如图 1-10 所示，全要素生产率对省际经济差距的贡献率在第 1~3 期快速上升，而在第 3~5 期则上升缓慢，基本维持在 30% 左右。随后又连续攀升，到第 10 期全要素生产率对省际经济差距的贡献率已达到 86.09%。要素投入对省际经济差距的贡献在第 1 期为 0，到第 2 期达到 15.8% 的最高水平，此后又连续下降，到第 10 期已下降至 2.52% 的水平。

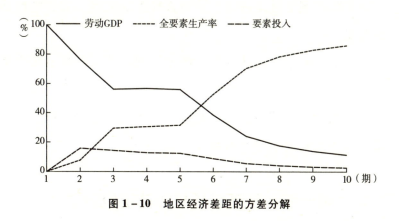

图 1-10　地区经济差距的方差分解

由图 1-10 还可以看到，在较短时期内，省际经济差距预测方差主要来自自身的冲击，随着时间的推移，劳均 GDP 差距自身冲击的贡献率连续下降，而全要素生产率冲击的贡献率则持续上升，并逐渐占据主导地位。同时，要素投入冲击的贡献率在较长时期内保持下降态势，并一直居于次要地位。从总体上看，省际经济差距预测方差有 45.10% 来自自身冲击，有 46.99% 来自全要素生产率冲击，而来自要素投入冲击的预测方差仅为 7.91%。

第二章

中国省区绿色增长源泉的核算

全要素生产率估算是进行经济增长核算的关键步骤，它的准确性至关重要。

传统全要素生产率的估算和传统经济增长源泉分解通常不考虑环境因素，其结果的可靠性值得考虑。本章在梳理经济增长核算研究现状的基础上，力图构建一个更符合生产实际的绿色增长核算模型，用于经济增长源泉的分解和分析。

第一节　经济增长核算的研究现状

研究经济增长源泉，离不开全要素生产率的估算。早期的全要素生产率估算是在索洛余值框架下展开的，相关研究如 Chow (1993)、Zheng et al. (2009)、王小鲁等 (2009)。索洛增长核算法尽管应用较为广泛，但其在核算过程中并未考虑环境因素，同时该方法假定所有生产者在技术上都充分有效，这都会造成技术进步估计的偏差。为克服索洛增长核算方法的缺陷，数据包络分析法和随机前沿分析法等生产率测算前沿技术方法逐步发展起来并被广泛应用。相关研究学者有颜鹏飞等 (2004)、郑京海和胡鞍钢 (2005)、岳书敬和刘朝明（2006）、王志平（2010）等。上述学者的研究虽然考虑了技术效率差异，但仍然只包含"好"产出，而没有涉及环境污染这种"坏"产出。

Pittman（1983）在测度威斯康星州造纸厂的效率时，第一次尝试在测算生产效率时引入"坏"产出，此后，大量的学者开始将环境污染变量引入模型中。其思路大致有两种：一是将环境污染变量作为一种投入因素引入生产函数模型，相关研究有 Qi（2005）、陈诗一（2009）、李胜文等（2010）、匡远凤和彭代彦（2012）、刘瑞翔（2013）等；二是将环境污染变量作为一种具有弱可处置性的"坏"产出引入方向性距离函数中，相关研究有涂正革和肖耿（2009）、王兵等（2010）、刘瑞翔和安同良（2012）等。第一种思路对"好"产出和"坏"产出的不平衡处理，可能会使经济绩效和社会福利水平评价欠缺准确，而第二种思路比较符合实际生产过程，为多数学者所接受。

在测度包含"坏"产出的全要素生产率时，传统的 Shepard 距离函数已无能为力。Chung et al.（1997）在测度瑞典纸浆厂的生产率时引入了一个新的函数——方向性距离函数。这种方法不仅允许在减少环境污染的同时增加期望产出，还继承了传统距离函数法不需要价格信息的优点，比传统的全要素生产率测算方法具有明显的优势。同时他们还在方向性距离函数基础上构建了 Malmquist – Luenberger 生产率指数（即环境全要素生产率，简称"ML 生产率指数"），该指数可以分解为技术进步和技术效率变化。近年来，运用考虑了"坏"产出的 ML 生产率指数分析全要素生产率的研究逐渐增多，如 Färe et al.（2001）、Jeon 和 Sickles（2004）、Yoruk 和 Zaim（2005）、Kumar（2006）、杨俊和邵汉华（2009）、叶祥松和彭良燕（2011）、沈可挺和龚健健（2011）等。ML 生产率指数是基于比值的测算方法，适合考察总产出的变化情况，但难以反映利润等差值变量的变化状况。Chambers et al.（1996）提出一种基于差值的全要素生产率测算指标——Luenberger 生产率指标，利用基于 SBM 方向性距离函数的 DEA 方法求解。相关研究如王兵等（2008）、董敏杰等（2012）、李玲和陶锋（2012）、刘瑞翔和安同良（2012）。

在考虑能源、环境因素的条件下，从环境全要素生产率入手对地区经济增长进行核算和分解是研究地区经济增长源泉的重要环节，但与此相关的文献并不多见。涂正革和肖耿（2009）通过构建环境生产前沿函数模型分析了中国工业增长的源泉；陈诗一（2009）利用超越对数分行业生产函数进行中国工业全要素生产率测算并进行绿色增长核算；刘瑞翔（2013）利用绿色增长核算框架对中国整体及各地区经济增长源泉进行了分析。上述文献对考虑环境因素的经济增长核算进行了有益的探索，然而相关研究仍有进一步拓展的余地。上述研究中，除刘瑞翔（2013）的研究外都是针对中国工业部门的研究，相关研究还可以扩展至中国省级区域；上述研究的非期望产出都没包括固体废弃物，除陈诗一（2009）的研究外也均没有考虑能源这种投入要素；上述研究主要分析了增长源泉对地区经济增长或工业增长的贡献和影响，没有分析各增长源泉对地区经济差距收敛性的作用。

为了弥补上述研究不足，本书拟在考虑能源投入和"三废"产出的条件下，通过构造基于方向性距离函数和方向性环境生产函数的绿色经济增长核算方法，将中国地区经济增长分解为环境技术进步、环境技术效率、环境管制、产业环境结构及要素投入五个部分，并分析它们对地区经济增长及地区差距的影响，据此给出相关研究结论及其政策建议。

第二节　绿色经济增长核算模型的构建

要加快转变经济发展方式，促进区域经济的全面协调可持续发展，就必须从资源节约、环境友好的角度出发，对中国省区进行绿色经济增长核算，而这也是进一步开展增长源泉对地区差距影响效应及作用机制研究的前提。基于这一考虑，本书拟尝试性地建立一个能够克服传统核算方法缺陷的绿色经济增长核算模型。

一　环境技术与方向性距离函数

经济活动往往会伴随污染物的产生，环境技术即反映了这样一种同时包括"好"产出和"坏"产出的特殊投入产出技术结构。它可以表示为如下生产可能性集合：

$$P(x) = \{(y,b):x(y,b)\}, x \in R_+^N \qquad (2-1)$$

$P(x)$ 表示决策单元（省份）使用 N 种投入 $x = (x_1,\cdots,x_N) \in R_+^N$ 所得到的 M 种"好"产出 $y = (y_1,\cdots,y_M) \in R_+^M$ 以及 I 种"坏"产出 $b = (b_1,\cdots,b_I) \in R_+^I$ 的生产可能性集合。环境技术给出了既定条件下，最大产出 y 扩张，最小污染物排放的集合，即给出了环境产出的可能前沿，但生产可能性集合 $P(x)$ 无法借助传统的 Shephard 距离函数来计算。不同于传统的距离函数，Färe et al.（2001）根据 Luenberger 短缺函数的思想，构造了如下方向性距离函数解决这一问题：

$$D_o^t(x^t,y^t,b^t;g) = \sup\{\beta:(y^t,b^t) + \beta g \in P^t(x^t)\} \qquad (2-2)$$

其中，$g = (y,-b)$ 为产出水平扩张的方向向量，它表示在给

定投入 x 的情况下，"好"产出 y 成比例地扩大，"坏"产出 b 成比例地收缩；β 为方向性距离函数值，即"好"产出 y 增长、"坏"产出 b 减少的最大可能数量。

二 Malmquist – Luenberger 生产率指数及分解

Chung et al. （1997）在投入与"好"产出可自由处理性、联合弱可处置性以及零结合性三大假定条件下，结合方向性距离函数提出了一个考虑环境因素的 Malmquist – Luenberger 生产率指数。为了排除时期选择的随意性，通常使用两个 ML 生产率指数的几何平均值得到以 t 期为基期到 $t+1$ 期的全要素生产率变化，即：

$$ML_i^{t+1} = \left(ML_i^t \times ML_i^{t+1} \right)^{\frac{1}{2}}$$

$$= \left[\frac{1 + D_i^{t+1}(x^t, y^t, b^t; y^t, -b^t)}{1 + D_i^t(x^t, y^t, b^t; y^t, -b^t)} \times \frac{1 + D_i^{t+1}(x^{t+1}, y^{t+1}, b^{t+1}; y^{t+1}, -b^{t+1})}{1 + D_i^t(x^{t+1}, y^{t+1}, b^{t+1}; y^{t+1}, -b^{t+1})} \right]^{\frac{1}{2}}$$

$$\times \left[\frac{1 + D_i^t(x^t, y^t, b^t; y^t, -b^t)}{1 + D_i^{t+1}(x^{t+1}, y^{t+1}, b^{t+1}; y^{t+1}, -b^{t+1})} \right]$$

$$= MLTC_t^{t+1} \times MLEC_t^{t+1}$$

$$(2-3)$$

这样，环境全要素生产率指数（ML）就被拆分为环境技术进步（$MLTC$）和环境技术效率变化（$MLEC$）两部分。

三 环境生产函数与经济增长源泉的分解：五重分解法

基于方向性距离函数，生产者在参考技术 $P(x)$ 下的方向性环境生产函数为：

$$F^t(x^t, y^t, b^t; y^t, -b^t) = y^t(1 + D_i^t(x^t, y^t, b^t; y^t, -b^t)) \qquad (2-4)$$

方向性环境生产函数构造了由投入 x、"好"产出 y、"坏"产

出 b、方向向量 g 以及环境技术 $P(x)$ 所决定的前沿产出。

根据方向性距离函数与环境生产函数的关系并借鉴 Kumar 和 Russell（2002）的经济增长源泉分解思路，可以将产出进行如下五重分解：

$$\frac{y^{t+1}}{y^t} = \frac{1 + D_i^t(x^t, y^t, b^t; y^t, -b^t)}{1 + D_i^{t+1}(x^{t+1}, y^{t+1}, b^{t+1}; y^{t+1}, -b^{t+1})} \times \frac{F^{t+1}(x^{t+1}, y^{t+1}, b^{t+1}; y^{t+1}, -b^{t+1})}{F^t(x^t, y^t, b^t; y^t, -b^t)}$$

$$= MLEC \times \frac{F^{t+1}(x^{t+1}, y^{t+1}, b^{t+1}; y^{t+1}, -b^{t+1})}{F^t(x^{t+1}, y^{t+1}, b^{t+1}; y^{t+1}, -b^{t+1})} \times \frac{F^t(x^t, y^{t+1}, b^{t+1}; y^{t+1}, -b^{t+1})}{F^t(x^t, y^t, b^t; y^{t+1}, -b^{t+1})}$$

$$\times \frac{F^t(x^t, y^t, b^t; y^{t+1}, -b^{t+1})}{F^t(x^t, y^t, b^t; y^t, -b^t)} \times \frac{F^t(x^{t+1}, y^{t+1}, b^{t+1}; y^{t+1}, -b^{t+1})}{F^t(x^t, y^{t+1}, b^{t+1}; y^{t+1}, -b^{t+1})}$$

$$= MLEC \times MLTC \times EPC \times IES \times INP$$

$$(2-5)$$

这样式（2-5）就把前沿产出分解为环境技术效率贡献、环境技术进步贡献、环境管制（EPC）贡献、产业环境结构（IES）贡献以及要素投入（INP）贡献五个部分。其中，环境技术效率与环境技术进步乘积为环境全要素生产率，即 ML 生产率指数。在考虑环境因素后传统的全要素生产率就被分解为环境技术效率、环境技术进步、环境管制和产业环境结构四项，环境对产出的影响就可以由这四个因素来反映。

在上述产出的分解结果中，环境技术效率提高意味着生产者对环境生产前沿的追赶速度加快，环境技术进步则表现为环境生产前沿的向上移动。环境技术效率和环境技术进步相乘得到的环境全要素生产率区分了要素投入中哪些用于生产、哪些用于治污，综合权衡产出与污染水平的高低。环境全要素生产率变化的测度是基于资源投入、工业产出和环境污染所构筑的环境生产前沿函数，是环境技术效率与环境技术进步的综合效应。ML 生产率指数大于 1 表示在要素投入及产业结构不变条件下，技术进步或技术效率提高，产出额外增长。

根据环境技术的定义，减少污染排放需要增加治理费用，从而减少有效产出。所以 EPC 反映了环境管制对经济增长的约束效应，即在环境技术结构、要素投入、产业结构不变时，污染物的排放对前沿产出的影响，实际上就是 $F^{t+1}(x^{t+1}, y^{t+1}, b^{t+1}; g)$ 与 $F^{t+1}(x^{t+1}, y^t, b^t; g)$ 的差异。产业环境结构变化的产出效应体现在两个方面：一是在给定参考技术和投入的条件下，保持方向变量和污染排放不变，"好"产出提高，环境生产前沿不会下降；二是保持产品的环境结构（y 与 b 的比例）不变，但方向变量优化（"好"产出比"坏"产出多），环境生产前沿不会下降（涂正革、肖耿，2009），这种效应即 $F^{t+1}(x^{t+1}, y^{t+1}, b^{t+1}; g)$ 与 $F^{t+1}(x^{t+1}, y^t, b^t; g)$ 之差。INP 反映了在技术结构和技术效率不变条件下，要素投入变化对前沿产出的效应。

第三节 中国省区 ML 指数分析

在本节，笔者对中国省区的 ML 指数、经济增长源泉及其对中国省际经济差距影响的相关研究进行回顾。

一 对中国省区 ML 指数的前期研究

（一）数据的来源与处理

前期研究的考察时段为 1985～2010 年，分析样本为除海南省和西藏自治区外的中国大陆 28 个省、自治区和直辖市。仿照多数文献的做法，把重庆市的相关数据与四川省的合并计算。

相关变量及数据来源包括：省区产出水平用 GDP 表示，物质资本存量采用永续盘存法进行估算，相关数据来源于历年《中国统计年鉴》，并以 1978 年为基期进行了相关统计数据的平减；劳动力为各省区全社会从业人员数，数据来源于各省区相应年份的统计年鉴；人力资本用人均受教育年限表示，采用陈钊等（2004）的方法进行计算，计算所用数据均来自历年《中国统计年鉴》；由于工业废气中的 SO_2 和工业废水中的 COD 是中国环境管制中的典型污染物和主要控制对象，所以这里选择 SO_2 和 COD 作为非期望产出指标，相应数据来自《中国环境统计年鉴》和《中国工业经济统计年鉴》。

（二）对中国省区环境全要素生产率及其构成的测算与分析

1985～2010 年各省区的劳均 GDP 作为期望产出，SO_2 和 COD 为非期望产出，物质资本、劳动力和人力资本作为投入要素，利用基于方向性距离函数的序列 DEA 方法对中国地区的 ML 指数及其构成进行测算，由于篇幅所限，这里只给出各地区 1985～2010 年的指标平均值，结果如表 2-1 所示。

表 2-1　中国省区 ML 指数及其分解结果（1985～2010 年平均值）

地区	ML 指数	环境技术进步	环境技术效率	环境纯技术效率（PCH）	环境规模效率（SCH）
北京	1.046	1.089	0.961	0.996	0.965
天津	1.030	1.027	1.003	1.003	1.000
河北	1.077	1.078	1.000	1.008	0.992
辽宁	1.039	1.042	0.997	1.006	0.991

续表

地区	ML 指数	环境技术进步	环境技术效率	环境纯技术效率（PCH）	环境规模效率（SCH）
上海	1.050	1.050	1.000	1.000	1.000
江苏	1.090	1.078	1.011	1.007	1.004
浙江	1.069	1.070	0.999	1.006	0.993
福建	1.010	1.021	0.989	1.008	0.981
山东	1.084	1.078	1.006	1.006	0.999
广东	1.084	1.078	1.006	1.008	0.998
山西	0.987	1.011	0.976	1.006	0.970
吉林	0.997	1.012	0.986	1.009	0.977
黑龙江	1.011	1.014	0.997	1.006	0.992
安徽	0.996	1.009	0.987	1.005	0.982
江西	1.004	1.010	0.994	1.005	0.990
河南	1.062	1.072	0.991	1.005	0.985
湖北	0.997	1.010	0.987	1.006	0.981
湖南	1.008	1.020	0.989	1.005	0.984
内蒙古	1.003	1.016	0.988	1.010	0.978
广西	0.997	1.021	0.977	1.004	0.973
四川	1.074	1.067	1.006	1.007	0.999
贵州	0.988	1.002	0.986	1.002	0.983
云南	1.000	1.020	0.980	1.004	0.976
陕西	1.011	1.017	0.993	1.005	0.988
甘肃	1.004	1.015	0.990	1.004	0.986
青海	0.989	1.002	0.987	1.000	0.987
宁夏	0.986	1.001	0.985	1.000	0.985
新疆	0.988	1.006	0.982	1.007	0.975
东部地区	1.058	1.061	0.997	1.005	0.992
中部地区	1.008	1.020	0.988	1.006	0.983
西部地区	1.004	1.016	0.988	1.004	0.983
全国平均	1.024	1.033	0.991	1.005	0.986

由表 2 - 1 可以看到，1985～2010 年中国省区环境全要素生产率的平均增长率为 2.4%，这主要来源于环境技术进步，其增长率达到 3.3%，而中国省区平均环境技术效率增长率为 -0.9%，即出现了环境技术效率恶化现象。中国省区环境技术效率的恶化主要是由环境规模效率恶化所致，而环境纯技术效率的增长率则达到了 0.5%。这说明中国省区环境全要素生产率的提高主要是通过自主创新和科技成果转化以及学习发达地区的先进管理经验来实现的，而多数省区的生产经营没有达到最优规模，成为环境全要素生产率提高的障碍。就三大地区来看，东部省区的环境全要素生产率增长最快，平均增速为 5.8%；其次是中部省区，环境全要素生产率的平均增长率为 0.8%；西部省区的环境全要素生产率增长率最低，为 0.4%。三大地区的环境全要素生产率增长率的提高均来自环境技术进步，而它们的环境技术效率均出现不同程度的恶化。其中，东部省区环境技术效率的恶化率为 0.3%，中部、西部省区环境技术效率的恶化率均为 1.2%。就具体省区来看，江苏、山东、广东等地的环境全要素生产率增长较快，增速分别为 9.0%、8.4% 和 8.4%，而山西、贵州和宁夏等省区的环境全要素生产率增长率出现下降，下降率分别为 1.3%、1.2% 和 1.4%。

二　对中国省区 ML 指数的最新研究

（一）数据来源

最新研究的研究对象为中国大陆 30 个省、自治区和直辖市，由于西藏自治区的相关数据缺失较多，笔者的研究未将其包括在内。同时，笔者还将这 30 个省区划分为四大地区。其中，东部地区包括北京、天津、河北、上海、江苏、浙江、福建、山东、广东、海南，中部地区包括山西、安徽、江西、河南、湖北、湖南，西部地区包括内蒙古、广西、重庆、四川、贵州、云南、陕西、甘肃、青海、宁夏、新疆等，东北地区包括辽宁、吉林和黑龙江。该研究考察时段为 2000 ~ 2013 年。

模型涉及的变量及相关数据来源如下：地区期望产出水平用 GDP 表示，相关数据来自相应年份的《中国统计年鉴》，同时以 2000 年不变价格对名义 GDP 进行了平减；为了便于分析和计算，这里将利用 SO_2、COD 和固体废弃物产生量计算出的环境污染综合指数作为非期望产出指标，计算所用数据来自《中国统计年鉴》和《中国环境统计年鉴》；研究中的投入因素为物质资本存量、劳动力和能源消耗，其中物质资本存量采用永续盘存法进行估算，相关数据来源于历年《中国统计年鉴》，估算所用数据也均按 2000 年不变价格进行了折算；劳动力为各省区全社会从业人员数，相关数据来自《中国统计年鉴》和《中国劳动统计年鉴》；各省区能源消耗用能源消费总量（万吨标准煤）衡量，相关数据来自相应年份的《中国能源统计年鉴》。

（二）环境污染综合指数的计算与分析

首先利用熵值法计算各地区的环境污染综合指数，具体步骤如下。

第一步为指标的无量纲化。

若 x_{ij} 为 i 地区第 j 个环境污染指标值（$i = 1, 2, \cdots, m$；$j = 1, 2, \cdots, n$），则该指标的数据矩阵为 $X_{ij} = (x_{ij})_{m \times n}$，$i$ 地区第 j 个环境污染指标值的比重为：

$$x_{ij}^{*} = x_{ij} \bigg/ \sum_{i=1}^{m} x_{ij} \qquad (2-6)$$

相应原始数据矩阵变为无量纲数据矩阵 $X_{ij}^* = (x_{ij}^*)_{m \times n}$。

第二步为指标 j 的熵值 δ_j 的计算：

$$\delta_j = -\frac{1}{\ln m} \sum_{i=1}^{m} x_{ij}^* \ln x_{ij}^* \quad 0 \leqslant \delta_j \leqslant 1 \quad (2-7)$$

第三步为指标 j 的差异系数 δ_j^* 的计算：

定义 $\delta_j^* = 1 - \delta_j$，$\delta_j^*$ 越大，说明指标 j 在综合评价中越重要。

第四步为指标 j 的客观权重 w_j 的计算：

$$w_j = \delta_j^* \Big/ \sum_{j=1}^{n} \delta_j^* \quad (2-8)$$

第五步为环境污染综合指数 EPI_i 的计算：

$$EPI_i = \sum_{j=1}^{n} X_{ij}^* w_j \quad (2-9)$$

EPI_i 为第 i 个样本的环境污染综合指数，EPI_i 数值越大，说明环境污染越严重。利用上述方法，可以计算出 2000～2013 年中国 30 个省区的环境污染综合指数，限于篇幅，这里只给出 2000～2013 年中国四大地区的环境污染综合指数，结果如图 2－1 所示。

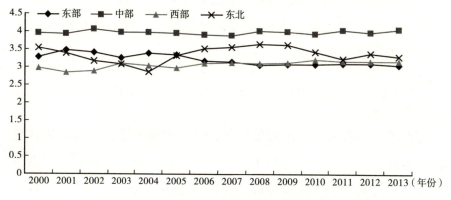

图 2－1　2000～2013 年中国四大地区环境污染综合指数

由图 2 - 1 可以看到，2000 ~ 2013 年，中国中部地区的环境污染综合指数在四个地区中始终是最高的，总体保持在 4 左右。这说明中部省区的环境污染在全国范围内是很严重的。这主要是因为中部省区多为农业大省，国家提出"中部崛起"战略后，一些农业大省为了实现经济的快速发展和赶超，大力发展重化工业并承接了东部高耗能、高污染的产业，在实现经济较快增长的同时，也付出了巨大的资源环境代价。中国东部地区的环境污染综合指数在经历了 2000 ~ 2004 年的起伏之后，总体呈现出下降态势。2007 年之后，东部省区的环境污染在全国处于最低水平。东部省区是中国创新最活跃的地区，节能环保技术的研发和应用助推了产业结构的升级和经济发展的转型，从而使东部省区走出了一条绿色、高效的经济发展之路。中国西部地区的环境污染综合指数总体上处于低位，2008 年之后也只是略高于东部地区。这说明中国西部省区在实施"西部大开发"战略的同时，也越来越重视环境保护和地区经济的可持续发展。2000 ~ 2004 年中国东北地区的环境污染综合指数呈现出显著下降态势，2004 年后趋于上升，尽管之后又有起伏，但总体上处于高位，仅次于中部地区。这反映出中国东北地区的环境污染比较严重，产业结构调整、经济转型发展任重而道远。

（三）中国省区 ML 指数及其构成的测算结果分析

在考虑多投入多产出的条件下，笔者利用上文介绍的方法计算出样本期内各省区的环境全要素生产率及其构成，下面对相应指标进行动态分析和静态比较分析。表 2 - 2 给出了历年平均 ML 指数及其构成的估算结果。

表 2 - 2　2000～2013 年中国省区平均 ML 指数及其构成的估算结果

时期	ML 指数	环境技术进步	环境技术效率
2000～2001 年	1.074	1.070	1.004
2001～2002 年	1.059	1.087	0.974
2002～2003 年	0.987	1.017	0.971
2003～2004 年	1.005	1.016	0.989
2004～2005 年	0.989	1.014	0.976
2005～2006 年	0.988	1.001	0.987
2006～2007 年	1.005	1.007	0.998
2007～2008 年	0.983	1.004	0.979
2008～2009 年	1.066	1.005	1.061
2009～2010 年	1.019	1.007	1.012
2010～2011 年	0.964	1.076	0.896
2011～2012 年	0.993	1.026	0.968
2012～2013 年	1.022	1.013	1.009
平　均	1.012	1.026	0.986

由表 2 - 2 可以看到，2000～2013 年中国省区的环境全要素生产率的平均增长率为 1.2%，其中环境技术进步的增长速度为2.6%，环境技术效率的增长率为 -1.4%。由此可见，中国省区的环境全要素生产率增长主要是靠环境技术进步来推动的，而中国省区的总体环境技术效率的恶化则会造成较大的效率损失，从而妨碍了环境全要素生产率的提升。

尽管中国的环境全要素生产率在样本期内总体是增长的，但在不同年份的差异却很大。从表 2 - 2 可以看出，2000～2001 年、2001～2002 年以及 2008～2009 年中国的环境全要素生产率增长较快，而其他年份增长很慢，有些年份甚至出现了负增长。另外，中国的环境全要素生产率增长也呈现出较明显的阶段性，这主要是由环境技术进步以及环境技术效率的阶段性变化所决定的。具体来看，2000～2001 年、2001～2002 年，中国省区的环境全要素生产率增长较快，增长率分别为 7.4% 和 5.9%，这主要是环境技术进步的贡献，其增长率分别为 7.0% 和 8.7%。2000 年国家实施"西部大开发"战略以及 2001 年中国加入 WTO，这些重大事件都对中国环境全要素生产率的提升起到了极其重要的促进作用。

2003～2008 年中国省区环境全要素生产率指数出现较大幅度下降，一些年份的环境全要素生产率甚至出现负增长。这主要是因为 2003～2008 年中国省区的环境技术进步速度总体呈下降趋势，而且在这一阶段环境技术效率一直都呈现恶化状况。上述环境全要素生产率的变化特征说明各地区在这个时期对生产技术和污染处理技术的改进力度有所减小，这必然会出现由资源利用效率的低下和环境污染的日益加重所导致的环境技术效率的下降。

上述状况是有深刻的经济发展背景的。2003 年之后，中国房地产、汽车行业的快速发展以及基础设施投资力度的加大带动了建材、石油、钢铁等重化工业的快速膨胀，经济增长呈现出显著的粗放性特征（匡远凤、彭代彦，2012）。另外，"十一五"初期，各级政府和众多企业未能对节能减排给予足够的重视，从而导致 2006 年年初的节能减排目标没有实现，一些建材、石化等高耗能、高污染行业发展过快，重化工业化趋势进一步加强。

鉴于以上经济发展的严峻形势，国务院决定从 2008 年起将每年各省的节能减排目标作为省级领导干部综合考核的重要依据，实行"一票否决制"，并向社会公布。这一严厉措施使得 2008～2009 年、2009～2010 年的环境全要素生产率及其构成都有了一定程度的改善。然而，2011 年和 2012 年，环境技术效率又出现恶化，从而使环境全要素生产率出现负增长。这和"十一五"初期的状况有些类似，这可能是政府部门为了追求经济增长目标所产生的节能减排的"阶段性懈怠"所致。2012 年党的十八大对加快转变经济发展方式进行了新部署，将"实施创新驱动发展战略"放在更加突出的位置。在这一战略的影响下，2012～2013 年的环境全要素生产率的增长率达到了 2.2%，其中环境技术进步增长 1.3%，环境技术效率增长 0.9%。

在对中国省区环境全要素生产率进行动态分析之后，下面我们将根据表 2-3 所给出的 2000～2013 年各地区平均 ML 指数及其构成的估算结果进行区际之间的静态比较分析。

表 2-3　2000～2013 年各地区平均 ML 指数及其构成

地区	ML 指数	环境技术进步	环境技术效率	地区	ML 指数	环境技术进步	环境技术效率
北京	1.117	1.116	1.000	湖南	0.995	1.029	0.967
天津	1.127	1.129	0.998	广东	1.165	1.169	0.997
河北	0.944	0.955	0.988	广西	1.030	1.060	0.972
山西	1.005	1.027	0.979	海南	1.103	1.118	0.986
内蒙古	1.040	1.081	0.962	重庆	1.065	1.077	0.989
辽宁	0.998	1.030	0.968	四川	0.977	0.982	0.994
吉林	1.079	1.106	0.976	贵州	1.006	1.005	1.001
黑龙江	1.045	1.048	0.997	云南	1.010	1.038	0.973
上海	1.118	1.118	1.000	陕西	1.055	1.069	0.987
江苏	1.100	1.098	1.001	甘肃	0.978	1.007	0.972
浙江	1.104	1.101	1.003	青海	1.030	1.059	0.973
安徽	1.020	1.035	0.986	宁夏	1.025	1.029	0.995
福建	1.055	1.055	1.000	新疆	1.064	1.072	0.992
江西	1.027	1.025	1.002	东部地区	1.089	1.094	0.996
山东	1.056	1.075	0.982	中部地区	1.024	1.044	0.981
河南	1.053	1.085	0.971	西部地区	1.025	1.044	0.983
湖北	1.044	1.063	0.982	东北地区	1.040	1.061	0.980

由表 2 - 3 可知，2000～2013 年中国四大区域的环境全要素生产率均实现了增长，其增长均由环境技术进步所推动，而四大区域的环境技术效率均出现恶化。具体来看，东部地区的环境全要素生产率增长较快，年平均增长率为 8.9%，其次是东北地区，其环境全要素生产率的年平均增长率为 4%，而中部、西部地区的环境全要素生产率增长速度基本持平，分别为 2.4% 和 2.5%。可以看到，中国四大区域中，东部地区的环境技术进步增长最快，年均增长 9.4%，其次是东北地区，其环境技术进步年均增长 6.1%，中部、西部地区环境技术进步的增长率均为 4.4%，这说明中国各地区的环境技术进步对本地区环境全要素生产率的提升具有主导作用。尽管四大区域的环境技术效率均出现恶化，但其恶化程度有所差异，这与各地区的环境污染程度有密切关系。通过前文对四大区域环境污染综合指数的分析，可以知道，东部地区的环境污染最轻，因而其造成的效率损失也是最低的，仅为 0.4%；其次是西部地区，其环境技术效率下降 1.7%；再次是环境污染比较严重的东北地区和中部地区，其环境技术效率分别下降了 2% 和 1.9%，大体相当。对上述环境全要素生产率及其构成的区际差异的解释是，东部地区是中国技术创新的前沿地带和资本、人才汇聚的"洼地"，这为推动其技术进步提供了良好的条件。然而，东部地区在加快发展的同时仍然没有摆脱环境污染的困扰及其带来的效率损失，2013 年年底长三角地区大范围的雾霾天气就佐证了这一点。因此，东部地区仍需要进一步转型发展。东北地区是中国的老工业基地，技术进步势头较为强劲，但该地区也存在结构调整不尽如人意、市场化进程缓慢等问题，这都会造成地区技术效率的损失。中部、西部是中国经济发展较为落后的地区，其在承接东部产业转移的过程中提高了本地的技术水平，然而也承担了东部转移产业所带来的高耗能、高污染和低效率。

就具体省区来看，2000～2013年，除河北、辽宁、湖南、四川和甘肃五个省外，其他省区的环境全要素生产率都实现了不同程度的增长。其中增长最快的四个省区是广东（16.5%）、天津（12.7%）、上海（11.8%）、北京（11.7%），增长最慢的四个省区依次是山西（0.5%）、贵州（0.6%）、云南（1%）、安徽（2%）。环境全要素生产率增长最快的四个省区全部位于东部，它们也是中国最发达的四个省区。其中，广东和天津的情况类似，即环境技术进步显著，而环境技术效率恶化；北京和上海的情况相似，即环境技术水平有较大提升，而环境技术效率在较长时期内基本没有变化，这可能是因为两个地区的实际产出点已位于生产前沿面上，环境技术效率已无进一步改善的余地。环境全要素生产率增长最慢的四个省区全部位于中国中西部，其中，山西、安徽、云南的环境技术水平都有一定程度的提高，但其环境技术效率指数偏低，从而导致了其环境全要素生产率的增长较慢。贵州的环境技术进步和环境技术效率虽均有所改善，但幅度都很小，从而致使其环境全要素生产率的增长也十分有限。除上面提到这些省区外，其他省区的环境全要素生产率增长率均不低于2.5%，但多数省区的环境技术效率都出现了下降。

在环境全要素生产率出现负增长的五个省区中，辽宁、湖南和甘肃三省的环境技术水平都有所提升而环境技术效率均出现较大幅度的下降，河北和四川的环境技术水平和环境技术效率则都出现下降。这可能是由两省的资本深化过快所产生的省级生产前沿面的内陷和减排难度的加大所致（匡远凤、彭代彦，2012）。

第四节　基于绿色核算方法的中国省区经济增长源泉分析

一　中国省区经济增长的四重分解

在测算出各省区 ML 指数及其构成的基础上，可以利用四重分解法和五重分解法进行中国省区经济增长源泉的分解。下面首先利用经济增长的四重分解模型将中国省区的劳均产出分解为环境技术进步、环境技术效率改善、资本深化及人力资本积累四个部分，以便在此基础上进行后续的相关研究。

若产出为 Y，投入为物质资本 K、劳动力 L、人力资本 H，则可以将劳动生产率增长进行如下四重分解：

$$\frac{y_{t+1}}{y_t} = [MLTC^t \times MLTC^{t+1}]^{1/2} \times MLEC \times [KC^t \times KC^{t+1}]^{1/2} \times [HC^t \times HC^{t+1}]^{1/2}$$

$$= MLTC \times MLEC \times KC \times HC \qquad (2-10)$$

其中，t 和 $t+1$ 分别代表时期；y 代表劳动生产率，它等于产出 Y 与劳动力 L 的比率。等式左边表示 t 时期至 $t+1$ 时期劳动生产率的变化；$MLEC$、$MLTC$、KC 和 HC 分别代表 t 时期至 $t+1$ 时期，在考虑多投入、多产出和技术效率差异的情况下，源于环境技术效率改善、环境技术进步、资本深化和人力资本积累的劳动生产率变化。$MLEC$ 和 $MLTC$ 的乘积为源于环境全要素生产率变化的劳动生产率变化。

利用四重分解模型及相应数据，可以对中国省区经济增长进行分解，表 2-4 给出了 1985~2010 年中国各地区各指标的年均增长率。

表 2－4　中国省区经济增长源泉的四重分解结果（1985～2010 年年均变化率）

单位:%

省区	经济增长率	环境全要素生产率	环境技术进步	环境技术效率	资本深化（KC）	人力资本积累（HC）
北京	7.854	2.250	3.971	-1.721	3.824	1.780
天津	8.986	2.472	3.644	-1.172	4.759	1.755
河北	9.210	4.718	6.120	-1.402	2.810	1.682
辽宁	7.806	4.589	5.577	-0.988	1.488	1.729
上海	9.761	4.221	4.258	-0.037	3.919	1.621
江苏	8.501	5.663	6.274	-0.611	1.234	1.604
浙江	8.520	4.728	5.706	-0.978	2.197	1.595
福建	6.853	3.998	5.093	-1.095	1.285	1.570
山东	9.378	5.606	6.579	-0.973	1.961	1.811
广东	10.593	5.769	6.264	-0.495	2.858	1.966
山西	10.445	2.756	5.006	-2.250	5.798	1.891
吉林	7.807	3.063	4.651	-1.588	3.011	1.733
黑龙江	9.760	3.723	4.870	-1.147	4.351	1.686
安徽	8.422	3.826	4.933	-1.107	2.702	1.894
江西	9.315	3.854	6.231	-2.377	3.551	1.910
河南	8.060	4.353	5.371	-1.018	1.970	1.737
湖北	7.711	5.348	6.906	-1.558	0.543	1.820
湖南	7.746	4.647	6.343	-1.696	1.307	1.792
内蒙古	9.937	3.599	6.713	-3.114	4.600	1.738
广西	7.988	3.508	6.031	-2.523	2.679	1.801
四川	9.963	5.993	7.155	-1.162	2.290	1.680
贵州	6.114	2.607	5.367	-2.760	1.519	1.988
云南	7.010	3.255	5.535	-2.280	1.981	1.774
陕西	7.951	3.415	5.528	-2.113	2.655	1.881
甘肃	8.240	2.621	4.903	-2.282	3.698	1.921
青海	5.961	-0.592	2.106	-2.698	4.089	2.464
宁夏	6.382	-0.175	2.336	-2.511	4.545	2.012
新疆	7.711	1.871	4.035	-2.164	4.079	1.761
东部平均	8.746	4.401	5.349	-0.947	2.634	1.711
中部平均	8.658	3.946	5.539	-1.593	2.904	1.808
西部平均	7.726	2.610	4.971	-2.361	3.214	1.902
全国平均	8.357	3.632	5.268	-1.636	2.918	1.807
变异系数	0.151	0.439	0.237	0.475	0.449	0.097

由表 2 - 4 可知，总体来看，1985 ~ 2010 年中国省区的经济增长率平均为 8.357% 。其中，环境技术进步贡献的增长率最高，为 5.268% ，而环境技术效率贡献的增长率为 - 1.636% ，这说明环境技术效率的恶化阻碍了经济增长。环境技术进步与环境技术效率的综合作用，使得环境全要素生产率所贡献的增长率仅为 3.632% 。就投入要素来看，资本深化所贡献的增长率为 2.918% ，而人力资本积累贡献的增长率仅为 1.807% ，资本深化对经济增长的推动作用要大于人力资本。

对三大地区进行比较，中部地区环境技术进步贡献的增长率最高，为 5.539% ；其次是东部地区，其环境技术进步贡献的增长率为 5.349% ；西部地区环境技术进步贡献的增长率最低，为 4.971% 。从环境技术效率来看，西部和中部地区的环境技术效率恶化较为严重，其贡献的增长率分别为 - 2.361% 和 - 1.593% 。东部地区的环境技术效率也有所恶化，其贡献的增长率为 - 0.947% 。三大地区环境技术进步与环境技术效率的上述变化，使得东部地区环境全要素生产率贡献的增长率最高，为 4.401% ，中部次之，为 3.946% ，而西部最低，为 2.610% 。就投入要素的产出贡献来看，东部、中部和西部地区资本深化贡献的增长率依次为 2.634% 、2.904% 和 3.214% ，东部、中部和西部地区人力资本积累贡献的增长率依次为 1.711% 、1.808% 和 1.902% 。由此可见，与东部省区相比，中国中西部省区的经济增长更多地依赖于要素投入。

由表 2 - 4 还可以看到，环境技术进步、环境技术效率、资本深化及人力资本积累所贡献的经济增长率的变异系数依次为 0.237 、0.475 、0.449 和 0.097 。这表明环境技术效率和资本深化对省际经济差距有较大影响，其次是环境技术进步，而人力资本积累对省际经济差距的影响不大。

二　中国省区经济增长的五重分解

下面采用基于方向性距离函数和方向性环境生产函数的经济增长核算模型,对 2000～2013 年中国各地区的经济增长进行五重分解以探寻地区经济增长的动力和源泉,并分析各种源泉对地区经济增长的影响效应。结果如表 2 – 5 所示。

表 2 – 5　2000～2013 年中国各地区的经济增长率及增长源泉的分解

单位:%

地区	经济增长率	环境全要素生产率	环境技术进步	环境技术效率	环境管制	产业环境结构	要素投入
北京	10.635	11.654	11.646	0.007	– 2.843	3.736	– 1.911
天津	14.872	12.770	12.933	– 0.163	– 0.287	– 0.853	3.242
河北	11.035	– 5.670	– 4.487	– 1.184	1.305	– 5.697	21.098
山西	11.549	0.538	2.678	– 2.141	0.795	2.679	7.538
内蒙古	15.725	4.297	8.118	– 3.821	5.263	– 4.580	10.745
辽宁	12.039	– 0.152	3.010	– 3.161	5.675	– 7.167	13.683
吉林	12.452	8.140	10.583	– 2.443	0.031	1.335	2.946
黑龙江	11.031	4.518	4.773	– 0.255	0.218	– 2.443	8.738
上海	10.573	11.777	11.774	0.003	2.392	– 4.865	1.272
江苏	12.549	9.962	9.816	0.146	0.295	– 1.533	3.825
浙江	11.474	10.392	10.134	0.257	0.542	– 0.247	0.787
安徽	11.757	2.015	3.464	– 1.449	– 0.304	– 3.033	13.079
福建	12.213	5.535	5.534	0.001	– 0.340	– 3.715	10.734
江西	12.124	2.718	2.506	0.212	– 0.646	– 5.507	15.559
山东	12.412	5.710	7.493	– 1.783	0.050	– 0.789	7.440
河南	11.754	5.506	8.451	– 2.945	0.111	– 0.560	6.697
湖北	11.970	4.480	6.251	– 1.771	– 0.047	– 1.716	9.254
湖南	11.998	– 0.364	2.904	– 3.268	0.489	– 3.167	15.040
广东	11.729	16.565	16.869	– 0.303	0.200	– 0.538	– 4.498
广西	12.092	3.177	6.002	– 2.825	2.450	1.546	4.918
海南	11.356	10.415	11.792	– 1.378	– 0.606	0.717	0.829

续表

地区	经济增长率	环境全要素生产率	环境技术进步	环境技术效率	环境管制	产业环境结构	要素投入
重庆	13.210	6.592	7.701	-1.108	0.748	0.400	5.470
四川	12.541	-2.332	-1.767	-0.565	2.812	-5.037	17.098
贵州	12.026	0.583	0.466	0.117	0.567	-4.471	15.347
云南	10.868	1.092	3.767	-2.675	-2.368	1.372	10.773
陕西	12.952	5.598	6.871	-1.273	0.129	4.240	2.986
甘肃	11.037	-2.149	0.692	-2.841	-1.625	-3.624	18.435
青海	12.553	3.173	5.857	-2.683	7.824	1.176	0.380
宁夏	11.634	2.496	2.946	-0.450	1.537	8.595	-0.993
新疆	10.529	6.424	7.237	-0.814	-2.389	2.469	4.025
东部地区	11.885	8.910	9.351	-0.439	0.071	-1.378	4.282
中部地区	11.859	2.482	4.376	-1.893	0.066	-1.884	11.194
西部地区	12.288	2.632	4.354	-1.722	1.359	0.190	8.108
东北地区	11.841	4.169	6.122	-1.953	1.974	-2.758	8.456
全国平均	12.023	4.848	6.200	-1.352	0.733	-1.043	7.484

如表2-5所示，2000~2013年全国省区平均经济增长率为12.02%。刘瑞翔（2013）通过研究发现，2002~2010年中国平均经济增长率为12.20%，尽管与本书略有差异，但本书所计算出的增长率与其非常接近，可见本书的这一计算结果应该是较为可靠的。从全国范围看，与环境全要素生产率相关的经济增长率为4.85%，其对经济增长的贡献份额为40.32%。根据计算结果可以发现，环境全要素生产率构成对经济增长的贡献差异较大。其中，由环境技术进步引致的经济增长率为6.20%，其对经济增长的贡献度为51.57%，而由环境技术效率导致的经济增长率为-1.35%，其对经济增长的贡献度为-11.23%。这一结果说明，环境技术进步是拉动中国经济增长的重要力量，而全国各地环境技术效率的普

遍下滑则拉低了环境全要素生产率对经济增长的贡献。通过计算还发现，就全国而言，与环境管制相关的经济增长率为0.73%，其占经济增长总量的比重为6.10%。当前中国的节能环保技术水平和污染治理水平都比较低，而且各地区的环境污染治理管理体制和协调机制还不健全，加强环境管制、加大污染治理力度是有一定难度的，需要投入大量的人力、物力和财力。这在短期内抑制地区产出，即环境管制对经济增长具有约束效应，实际上也反映出环境污染治理效率的高低。未来，随着中国污染治理能力的提高和相关管理体制的完善，加大治污力度对产出的负效应就会逐渐减少、消失，甚至变为正效应，但在当前还不会大面积出现这种情况。表2－5数据表明，中国环境管制总体上促进了经济增长。在中国当前的现实情况下，这意味着污染物的排放也增加了，中国的环境管制总体上并不严厉。由表2－5可以看到，产业环境结构所引致的经济增长率为－1.04%，其对总体经济增长的贡献度为－8.68%。产业环境结构的产出效应即在给定的参考技术和要素投入条件下，方向向量和"坏"产出不变，而"好"产出提高，或者"好"产出与"坏"产出的比例不变，而方向向量优化。产业环境结构的优化意味着高污染产业比重下降，或节能环保产业比重上升，这都会使有效产出增加，污染排放减少。因此，根据以上分析可以知道，中国当前的产业环境结构状况不容乐观，高污染产业比重较高，妨碍了产出的有效增长。要素投入所导致的经济增长率为7.48%，其贡献的经济增长比重为62.25%。

　　通过对环境全要素生产率、环境管制、产业环境结构所贡献的经济增长份额进行比较可知，要素投入是推动中国省区经济增长的首要力量，其次是反映经济发展方式转变的环境全要素生产率的作用，而环境管制和产业环境结构对中国省区经济增长的影响相对较小。因此，可以得出这样的结论，即中国经济增长仍然是粗放型的要素驱动型增长，经济转型发展的任务依然艰巨。

表2-5显示，中国西部地区的经济增长速度最快，年平均增长率为12.29%；其次是东部地区，其经济增长率的年平均增长率为11.89%；接下来是中部地区，其经济增长率的年平均增长率为11.86%；增长最慢的是东北地区，其经济增长率的年平均增长率为11.84%。由此可见，中国实施"西部大开发"战略以来，西部地区在吸引资金、人才，学习东部地区先进技术和管理经验，发挥经济增长的后发优势方面已取得成效，东部、西部地区的经济差距有所缩小。在全国范围内经济增长速度最快的省区（内蒙古，15.73%）和最慢的省区（新疆，10.53%）都在西部，这说明尽管西部地区总体经济增长速度很快，但其内部差距也很大。东北地区近年来经济发展相对滞后，这与地区产业结构不合理、发展方式粗放、人才流失严重有关。

从环境全要素生产率对地区经济增长的贡献来看，东部地区最高，为74.97%；其次是东北地区，为35.21%；再次是西部地区，为21.42%；最后是中部地区，为20.93%。而四大地区中要素投入对经济增长贡献率最大的是中部，为94.39%，然后是东北和西部，分别为71.41%和65.98%，最后是东部，为36.03%。由此可见，东部地区的经济增长主要靠环境全要素生产率推动。其中，东部最发达的北京、上海和广东的环境全要素生产率对经济增长的贡献更是超过100%。除河北、福建、山东外，东部其他省区的要素投入对经济增长的贡献份额都很低。因而，总体来说，东部地区采取的是一种可持续的增长模式。中部、西部和东北三个地区的要素投入对其经济增长的贡献度均在65%以上，一些省区如辽宁、安徽、江西、湖南、四川、贵州和甘肃的要素投入贡献度甚至超过

100%，相应的，其环境全要素生产率对经济增长的贡献度偏低，个别省区甚至为负值。因而，总体来看，这三大地区采取了不可持续的经济增长模式。

从环境管制效应来看，其对东北地区经济增长的贡献度最高，为16.67%；其次是西部地区，为11.06%；而东部地区和中部地区相差不大，分别为0.60%和0.56%。这说明东北和西部地区的环境管制较为宽松，从而促进了经济的较快增长，而东部和中部的环境管制较为严格，其对经济增长的贡献非常有限。进一步分析发现，内蒙古、辽宁、青海等地区的环境管制对经济增长的贡献度均超过30%，这在全国省区中是比较高的，这意味着这些地区的高增长是以环境的严重污染为代价的。北京、天津、安徽、福建等地区的环境管制对经济增长的贡献度为负值，说明这些地区的环境管制较为严厉，其对经济增长产生了明显的抑制效应。这些地区实际上在秉持"不以环境污染为代价换取经济的一时增长"的发展理念，这在短期内可能会使经济增长遭受损失，但有利于地区的长远发展。

由表2-5可以看到，仅有西部地区的产业环境结构对经济增长起到正向效应，但这种效应很小，其对经济增长的贡献仅为1.55%，相对于其他因素的贡献是微不足道的。但这说明西部地区的产业结构在趋于优化，地区发展更注意环保和可持续性。从三个地区来看，东北地区的产业环境结构使经济增长率下降最多，为2.76个百分点，这主要是辽宁的产业环境结构对经济增长的负效应太大所致。其次是中部地区，下降1.88个百分点。最后是东部地区，下降1.38个百分点。可见，东北地区的产业环境结构已成为一个不可忽视的阻碍地区经济增长的因素，东北地区必须通过加大产业结构调整的力度来扭转这一局面。中部地区产业环境结构所产生的负效应与其在承接产业转移时的短视性、盲目性有关。因此中部地区在产业结构调整中必须贯彻节能环保原则，坚持有所为、有所不为。东部地区是中国经济发展水平最高的地区，但其高耗能、高污染、低效率的产业仍有一定的市场。东部地区要在全国新一轮的经济发展中继续起到"领头羊"的作用，就必须把转度方式、调整结构放在更加突出的位置。

第三章

中国省区绿色增长源泉的
空间收敛性分析

　　研究地区差距不能不涉及收敛问题。收敛是新古典经济增长模型的一个典型理论。该理论认为，在生产函数的资本边际回报递减与技术的外生化及存在技术的扩散和同质化的前提条件下，不论一国储蓄率为多少，也不论国家起始人均资本存量或人均GDP为多少，各国的人均GDP的最终增长率都会达到由技术进步率所决定的常数值，这就是经济增长的收敛思想。σ 收敛与 β 收敛是比较常见的两种收敛类别。若各国家或地区的人均收入标准差随时间推移而趋于缩小，则认为是 σ 收敛。β 收敛则认为经济收敛趋势与经济个体在经济增长中的稳态和其最初的产出水平有关，它的最初产出水平与其增长率是负相关的。当前，许多有关经济增长的 σ 收敛与 β 收敛的研究文献并未考虑空间因素，这可能会造成研究结论的偏差。有鉴于此，本书拟从空间视角研究中国省区绿色增长源泉的收敛性问题。

第一节　中国省区绿色增长源泉的相对趋同检验

一　相对趋同检验方法

在前文我们将中国地区经济增长分解为环境全要素生产率（包括环境技术进步和环境技术效率）、环境管制、产业环境结构和要素投入等部分，并分析了它们对地区经济增长的影响。这些因素对地区经济增长都有不同程度的贡献，那么它们对地区经济差距又会有怎样的影响？下面将利用相对趋同检验方法探讨这一问题。

基于新古典经济增长理论，Baumol（1986）建立了 β 收敛模型即趋同检验方法，其基本形式如下：

$$g_{iT} = \alpha + \beta y_{i0} + \prod X_i + \varepsilon_{iT} \qquad (3-1)$$

$$g_{iT} = T^{-1}(y_{iT} - y_{i0}), E(\varepsilon_{iT} \mid \varphi_0) = 0 \qquad (3-2)$$

其中，y_{i0} 为 i 地区在初期取对数后的人均产出，y_{iT} 为 i 地区在 T 期取对数后的人均产出，g_{iT} 为 i 地区由初期到 T 期的人均产出平均增长率，X_i 为对地区经济增长产生一定影响的其他控制变量，ε_{iT} 为随机干扰项，φ_0 代表在初期所能够获得的全部信息。

Barro 和 Sala – I – Martin（1991）对 Baumol 趋同检验方法又做了进一步的发展，其回归方程形式如下：

$$\frac{1}{T-t} \cdot \log\left(\frac{y_{iT}}{y_{it}}\right) = x_i^* + \frac{1 - e^{-\lambda(T-t)}}{T-t} \cdot \log\left(\frac{y_i^*}{y_{it}^0}\right) + u_{it} \qquad (3-3)$$

其中，i 表示经济单位，t 和 T 分别表示期初和期末，$T-t$ 为考察时间段，y_{it} 和 y_{iT} 分别表示期初和期末的人均产出或收入水平，x_i^* 表示在稳定状态下人均产出的增长率，y_{it}^0 表示每个有效工人所达到的产出水平，y_i^* 表示在稳定状态下的每个有效工人所达到的产出水平，λ 表示经济增长收敛的速度，即 y_{it}^0 接近 y_i^* 的速度，u_{it} 表示随机误差项。

若 x_i^* 和 y_i^* 保持不变，则由式（3-3）就能够得到如下计算公式：

$$\frac{1}{T-t} \cdot \log\left(\frac{y_{iT}}{y_{it}}\right) = \alpha - \frac{1 - e^{-\lambda(T-t)}}{T-t} \cdot \log y_{it} + u_{it} \qquad (3-4)$$

其中，u_{it} 为误差项，α 为常数项。式（3-3）表明，初期的人均收入水平决定了 λ 的取值，其他参数的变化对 λ 的取值没有影响。因而，通过式（3-3）计算得到的 λ 系数，反映的是绝对 β 收敛，即在长时期内地区之间的经济增长将会趋同，即趋于收敛，所有地区的增长路径和稳态都相同。然而，地区经济增长不但取决于初期的增长水平，同时也会受到历史文化、资源禀赋以及产业结构等诸多因素的影响，我们可以在式（3-4）中引入相应控制变量来分析这些因素对地区经济增长的影响。在模型中引入新的控制变量后，λ 系数反映的是一种条件收敛。在加入一些新的控制变量 x_{it} 后，回归方程可以表示为如下形式：

$$\frac{1}{T-t} \cdot \log\left(\frac{y_{iT}}{y_{it}}\right) = \alpha - \frac{1 - e^{-\lambda(T-t)}}{T-t} \cdot \log y_{it} + \Phi(x_{it}) + u_{it} \qquad (3-5)$$

二　对中国省区的检验

在进行相对趋同检验之前必须选择一个参照点，由于上海的经济发展水平在全国来说是比较高的，可以将它作为参照点进行相对趋同检验，分析中国省区在环境全要素生产率、环境管制、产业环境结构和要素投入等方面是否发生"追赶"现象，并分析它们在地区经济差距变化中所起的作用。若某些变量产生相对趋同，可以认定其抑制了地区差距的扩大；若产生相对趋异，则认定其促进了地区差距的扩大。下面依据 Los 和 Timmer（2005）所运用的模型进行相对趋同检验，模型如下：

$$\bar{g}_{TFPi} - \bar{g}_{TFPsh} = \alpha_{TFP} + \beta_{TFP}\log\left(\frac{g_{ai}}{g_{ash}}\right) + \varepsilon_{TFPi} \tag{3-6}$$

$$\bar{g}_{EPCi} - \bar{g}_{EPCsh} = \alpha_{EPC} + \beta_{EPC}\log\left(\frac{g_{ai}}{g_{ash}}\right) + \varepsilon_{EPCi} \tag{3-7}$$

$$\bar{g}_{IESi} - \bar{g}_{IESsh} = \alpha_{IES} + \beta_{IES}\log\left(\frac{g_{ai}}{g_{ash}}\right) + \varepsilon_{IESi} \tag{3-8}$$

$$\bar{g}_{INPi} - \bar{g}_{INPsh} = \alpha_{INP} + \beta_{INP}\log\left(\frac{g_{ai}}{g_{ash}}\right) + \varepsilon_{INPi} \tag{3-9}$$

其中，$\bar{g}_{TFPi}$、$\bar{g}_{EPCi}$、$\bar{g}_{IESi}$ 及 $\bar{g}_{INPi}$ 分别表示第 i 个省区源于环境全要素生产率、环境管制、产业环境结构和要素投入的 GDP 年均增长率；g_{ai} 表示第 i 个省区在 2000 年的潜在产出，可以用生产函数法对其进行估计；下标 sh 代表上海，α 和 β 为估计参数，ε 为随机扰动项。估计结果见表 3 - 1。

表 3 - 1　中国地区经济增长源泉的相对趋同检验（2000～2013 年）

增长源泉	α	β	$\bar{R}^2$	D. W.	F
环境全要素生产率	- 0.089 * （- 6.067）	0.028 ** （3.689）	0.605	2.076	8.529
环境管制	- 0.015 （- 2.144）	- 0.002 （- 0.238）	- 0.034	1.698	0.057
产业环境结构	0.052 * （4.994）	- 0.019 （- 1.636）	0.054	1.797	2.675
要素投入	0.066 ** （3.083）	- 0.007 ** （- 3.268）	0.502	1.915	8.120

注：括号内的数值为相应参数估计值的 t 统计量；*、** 分别表示估计参数值在 1% 和 5% 水平上通过显著性检验。

　　由表 3-1 可以看到，与环境全要素生产率相关的经济增长发生了显著的相对趋异，这意味着环境全要素生产率是造成中国地区经济差距扩大的重要原因。这主要是因为技术创新大多发生在东部发达地区，中西部地区的技术创新不活跃，而且由于不同地区间存在体制障碍和技术壁垒，所以先进技术在短时期内很难扩散到落后地区，以至于造成了地区经济差距的扩大。表 3-1 还显示，环境管制和产业环境结构引致的经济增长发生趋同，但其 β 参数值均没有通过显著性检验，所以这种趋同趋势并不明显。这主要是因为环境管制和产业环境结构对地区经济增长的贡献度较小，因而其对地区经济差距的收敛性影响也较为有限。至于环境管制和产业环境结构引致的经济增长为何发生趋同，我们的解释是，西部地区的环境污染较轻，因而加强环境管制对西部地区产出的影响不大，而对环境污染严重的中部、东北地区的产出则会产生较强的抑制效应，这样就缩小了地区间的经济增长差距。就产业结构而言，东部地区的产业结构层次比中西地区部高，其升级的空间和升级的边际产出效应可能没有中部、西部地区大，同时东部地区的产业升级也会使中部、西部地区所承接的产业层次相对提高，从而为未来经济的快速发展打下了良好的产业基础。因此，从这个意义上看，产业结构的优化升级也是有利于缩小地区间经济增长差距的。如表 3-1 所示，要素投入所引致的经济增长具有显著的趋同趋势。由前文分析可知，西部地区的经济增长率是最高的，中部地区的增长率也与东部地区的相差不大，而中部、西部地区经济增长的主要推动力是要素投入。因此，当前增加要素投入有助于加快中部、西部地区发展，缩小地区经济差距。当然，中部、西部地区要获得持久、高效的经济增长，最终还是要转变经济发展方式。

第二节　中国省区绿色增长源泉的空间 σ 收敛分析

一　空间 σ 收敛分析方法

σ 收敛指经济系统间的经济增长率离差随着时间的推移而出现下降的趋势。传统的 σ 收敛常用如下公式计算：

$$y_{it} = \ln(Y_{it}) \quad \bar{y}_t = \frac{1}{N}\sum_{i=1}^{N} y_{it} \quad i = 1,2,\cdots,N; t = 1,2,\cdots,T$$

$$\sigma_t = \sqrt{\frac{1}{N-1}\sum_{i=1}^{N}(y_{it} - \bar{y}_t)^2} \tag{3-10}$$

当 $\sigma_{t+1} < \sigma_t$，则表明地区经济增长存在 σ 收敛。

空间 σ 收敛是将每个地区某时段的 GDP 增长（取对数形式）进行如下回归：

$$y_{it} = \bar{y}_t + \varepsilon_{it} \tag{3-11}$$

在公式（3-11）中引入标准空间权重矩阵 W 可得到如下一阶空间滞后面板数据模型：

$$y_t = \alpha_t + \beta W y_t + \varepsilon_{it} \tag{3-12}$$

其中，$y_t = (y_{1t}, y_{2t}, \cdots, y_{Nt})'$，$\beta$ 为自相关系数，上述一阶空间滞后模型残差项 ε_{it} 的标准差为 σ，即所谓的空间标准差，可通过观察其数值的变化情况来判断地区经济增长的敛散性。

二　经济协动空间权重矩阵

空间权重矩阵的计算是空间计量的关键步骤。当前，许多研究所采用的空间权重矩阵为地理空间权重矩阵或经济空间权重矩阵。其中，地理空间权重矩阵主要包括空间邻接权重矩阵和地理距离权重矩阵，而经济空间权重矩阵则为地理空间权重矩阵与以考察期内每个地区产出均值在所有地区产出均值之和中所占比重为对角元的矩阵的乘积。这两类矩阵都考虑了地理因素，但地理因素是事先确定的，是不随时间变化的，从而忽略了权重矩阵的内生性问题。同时，由于当前信息网络经济的迅猛发展以及交通运输的便捷高效，地理因素对地区间经济联系的影响越来越小。为此，可以摒弃传统的包含地理因素的矩阵，通过考虑地区间经济发展的协动性来设计一种新型的具有内生性特征的空间权重矩阵——经济协动空间权重矩阵。其思想是将所有地区的产出与其他地区的产出进行回归，那么每个地区的产出都会作为内生变量而存在，那么来自该内生变量的随机扰动项就会对其他地区的产出产生冲击。将每次回归的随机扰动项标准差取倒数作为元素形成协动矩阵，然后将其与以地区产出比重为对角元的矩阵相乘，得到的结果就是经济协动空间权重矩阵。具体计算过程如下：

$$Y_{it} = \alpha + \beta Y_{jt} + \varepsilon, w_{ij} = \begin{cases} \dfrac{1}{std(\varepsilon)} & i \neq j \\ 0 & i = j \end{cases} \qquad (3-13)$$

$$W = (w_{ij}), W^* = W \mathrm{diag}\left(\frac{\bar{Y}_1}{\sum\limits_{i=1}^{n} \bar{Y}_i}, \frac{\bar{Y}_2}{\sum\limits_{i=1}^{n} \bar{Y}_i}, \cdots, \frac{\bar{Y}_n}{\sum\limits_{i=1}^{n} \bar{Y}_i} \right) \qquad (3-14)$$

其中，变量 Y_{it}，Y_{jt} 分别为 i 地区和 j 地区的 GDP，ε 为随机干扰项，$\bar{Y}_i = \dfrac{\sum\limits_{t=t_0}^{t_1} Y_{it}}{t_1 - t_0 + 1}$，$n$ 为地区总数，W 和 W^* 分别为协动矩阵和经济协动空间权重矩阵。

不同的权重矩阵意味着不同的空间关联范围和空间关联强度，从而也会有不同的估计结果。如何设计出具有内生性且能够体现区域之间作用的非对称性的科学合理的空间权重矩阵将是空间计量所面临的一个挑战。在现有的技术条件下，为了保证所选择的空间权重矩阵能够较好地反映地区间的空间联系，从而尽可能避免在后续研究中出现伪回归，下面同时利用地理空间权重矩阵（空间邻接权重矩阵）、经济空间权重矩阵、协动权重矩阵以及经济协动空间权重矩阵对相关变量的 Moran 指数进行测算，通过比较 Moran 指数大小及其显著性来验证所选择的矩阵的可靠性。本书选取 2001 年、2007 年和 2014 年三个时期测算中国省区经济增长率的 Moran 指数值，运用 Matlab 7.10 软件中的 Spatial Econometric 模块进行相关空间计量分析，结果如表 3 - 2 所示。

表 3 - 2　不同权重矩阵下的中国省区经济增长率的 Moran 指数空间

年份	地理空间权重矩阵	经济空间权重矩阵	协动权重矩阵	经济协动空间权重矩阵
2001	0.081	0.056	0.350 *	0.482 *
2007	- 0.076	- 0.056	0.140 **	0.441 *
2014	0.133 **	0.151 **	0.272 *	0.473 *

注：*、**分别表示 p 值小于 1% 和 5%。

由表 3 - 2 可以看到，总体上利用协动权重矩阵和经济协动空间权重矩阵所计算出的经济增长率的 Moran 指数值，要比利用地理空间权重矩阵和经济空间权重矩阵计算所得到的值大，并且更为显著，这一特点在经济协动空间权重矩阵计算结果上更为突出。这说明，和其他空间权重矩阵相比，经济协动空间权重矩阵能更好地反映地区经济内在的空间联系，因而用它进行相关空间计量分析可以较大限度地避免伪回归。

三　变量的空间相关性检验

在进行经济增长源泉的空间收敛性检验之前，首先要利用经济协动空间权重矩阵来检验相关变量的空间相关性。

图 3 - 1 给出了 2001 ~ 2014 年中国 30 个省区相关变量的 Moran 指数检验结果。2001 ~ 2014 年中国 30 个省区经济增长率及各经济增长源泉的 Moran 指数均为正值，且都通过了 5% 的显著性检验。这说明各省区的经济增长及增长源泉的变化并非完全随机的状态，而是表现出很强的空间相关性。进一步的局部空间相关性检验发现，各变量的高值集聚区分布在东部发达地区，而低值集聚区则主要集中于中西部欠发达地区。这从另外一个角度说明了中国省区的经济增长表现出较强的空间集聚效应。因而，在研究中国省区经济增长的收敛性问题时，考虑空间因素的影响是十分必要的。

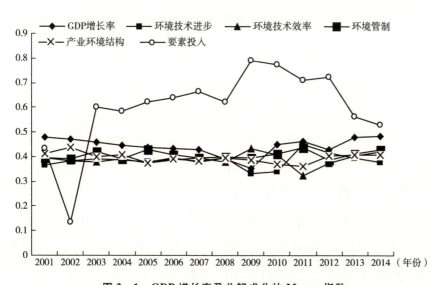

图 3 - 1　GDP 增长率及分解成分的 Moran 指数

四　变量的空间 σ 收敛检验结果分析

利用空间 σ 收敛检验方法以及经济协动空间权重矩阵，计算出 GDP 增长率及各经济增长源泉的空间标准差，进行空间 σ 收敛检验，相关结果如图 3 - 2 所示。

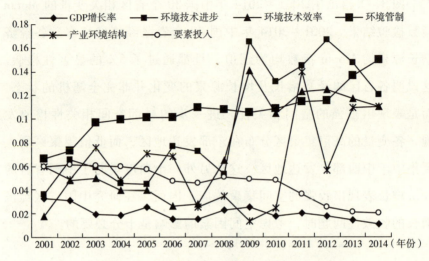

图 3 - 2 GDP 增长率及分解成分的空间 σ 收敛

由图 3 - 2 可以看到，2001 ~ 2014 年，中国省区 GDP 增长的空间标准差尽管在一些年份出现了波动，但总体来说，中国省际经济差距呈现缩小趋势，空间标准差由 2001 年的 0.033 下降到 2014 年的 0.011。环境技术进步和环境技术效率的空间标准差均呈现波浪式上升的变化态势。这说明环境技术进步和环境技术效率引致的经济增长总体上都是呈现发散趋势的。通过进一步观察可以发现，环境技术进步和环境技术效率的空间标准差除 2006 ~ 2008 年外，在其他年份均表现出相同的波动趋势。并且除 2008 年外，环境技术效率的空间标准差均低于相应年份的环境技术进步的空间标准差。这说明各省区技术前沿外移的差异必然会反映到省区实际产出与理想产出比率差异对省际经济增长的影响上，从而使得环境技术效率对省际经济增长差距的影响紧随环境技术进步的变化。环境管制的空间标准差呈现稳步上升态势，由 2001 年的 0.067 上升至 2014 年的 0.15。这意味着由该因素引致的省际经济增长差异在逐步扩大。

产业环境结构的空间标准差波动幅度较大，2003～2009 年总体呈波动式下降态势，2009 年以后则又出现大幅的起落，该因素引致的经济增长的省际差异变化趋势并不明朗。要素投入的空间标准差总体呈现下降趋势，由 2001 年的 0.06 下降为 2014 年的 0.02，下降幅度较大，这说明要素投入对经济增长的贡献总体上是收敛的。通过比较可以发现，要素投入空间标准差的变化趋势和 GDP 增长空间标准差的变化趋势非常接近。这一结果并非偶然，通过前面的分析可以知道，中国省区经济增长主要靠要素投入驱动，要素投入引致的经济增长差异必然会主导总体经济增长的差异，所以二者必然会有相近的变化趋势。以上只是从 σ 收敛检验的角度对各经济增长源泉的收敛性进行初步分析，上述结论是否可靠还需要进一步通过相关变量的空间 β 收敛分析进行检验。

第三节　中国省区绿色增长源泉的空间 β 收敛分析

一　空间 β 收敛分析方法

下面将利用动态空间面板数据模型来研究中国省区经济增长源泉的收敛性。动态空间面板数据模型能够反映滞后的被解释变量对被解释变量的影响，使得相关计量结果更为客观、可靠。根据空间自相关形式，动态空间面板数据模型又分为动态空间滞后（DSAR）面板数据模型和动态空间误差（DSEM）面板数据模型，其具体形式如下：

$$\text{DSAR:} Y_t = \delta Y_{t-1} + \rho W Y_t + X_t \beta \psi_t \qquad (3-15)$$

$$\text{DSEM:} Y_t = \delta Y_{t-1} + X_t \beta + \mu + \psi_t \qquad (3-16)$$

$$\psi_t = \lambda W \psi_t + \varepsilon_t \qquad (3-17)$$

其中，Y_t 为各空间单元的被解释变量在第 t 时期的观测值组成的 $N \times 1$ 向量；X_t 为解释变量观测值所构成的 $N \times K$ 矩阵。δ 和 β 为模型的参数，$\mu = (\mu_1, \cdots, \mu_N)'$、$\psi_t = (\psi_{1t}, \cdots, \psi_{Nt})'$ 和 $\varepsilon_t = (\varepsilon_{1t}, \cdots, \varepsilon_{Nt})$ 为随机干扰项。ρ、λ 为空间自相关系数，W 为空间权重矩阵。

Maudos 等人（2000）建立了基于截面回归的绝对 β 收敛模型，进行实证分析，可以借鉴这种思路，利用经济协动空间权重矩阵 W^* 建立基于面板数据的动态空间滞后和动态空间误差 β 收敛模型，其形式如下：

$$DSAR : (I - \rho W^*) g_t = \alpha + \delta g_{t-1} + \beta \ln(y_{i0}) + \varepsilon_{it} \qquad (3-18)$$

$$DSEM : g_t = \alpha + \delta g_{t-1} + \beta \ln y_{i0} + I - \lambda W^{*-1} \mu_{it} \qquad (3-19)$$

其中，g_t 为经济增长源泉所贡献的增长率，$\ln y_{i0}$ 为初始产出对数值，α 为常数项，β 为回归参数。利用公式（3-18）和公式（3-19）就可以检验各种经济增长源泉的空间收敛性。

二 β 收敛模型的空间相关性检验

中国省区经济增长源泉的 β 收敛检验究竟是选择动态空间滞后模型还是选择动态空间误差模型，这个问题的解决可以通过模型的 Moran 指数检验，拉格朗日乘数形式 LMerr、LMlag 以及稳健的 LMerr（R - LMerr）和稳健的 LMlag（R - LMlag）检验来实现。其中，LMerr 为无空间自回归条件下的空间残差相关性检验；R - LMerr 为存在空间自回归条件下的空间残差相关性检验；LMlag 为无空间残差相关条件下的空间自回归效应检验；R - LMlag 为存在空间残差相关条件下的空间自回归效应检验。其检验原则为：先对相关变量进行普通最小二乘回归，然后检验残差的自相关性。若 LMerr、LMlag 统计量的值均不显著，则保持普通最小二乘回归结果。如果 LMerr 统计

量的值比 LMlag 统计量的值更显著，则选择空间误差模型，反之，则
选择空间滞后模型；如果 LMerr 统计量的值和 LMlag 统计量的值均显
著，则需要进行进一步的 R - LMerr 和 R - LMlag 检验，若 R - LMerr
统计量的值比 R - LMlag 统计量的值更显著，则选择空间误差模型，
反之，则选择空间滞后模型。利用上述检验方法，下面对中国省区
的 GDP 增长收敛模型以及各经济增长源泉的收敛模型进行空间相关
性检验，结果如表 3 - 3 所示。

表 3 - 3　模型的空间相关性检验

模型因变量	指标	Moran 指数	LMerr	LMlag	R - LMerr	R - LMlag
GDP	检验值	0.494	315.522	0.646	315.712	0.836
	P 值	0.000	0.000	0.422	0.000	0.361
MLTC	检验值	0.857	916.888	803.920	114.968	1.999
	P 值	0.000	0.000	0.000	0.000	0.157
MLEC	检验值	0.173	40.939	33.711	7.719	0.491
	P 值	0.000	0.000	0.000	0.005	0.483
EPC	检验值	0.191	0.446	0.991	2.260	2.805
	P 值	0.003	0.504	0.019	0.133	0.094
IES	检验值	0.057	10.553	1.584	16.185	7.216
	P 值	0.001	0.001	0.208	0.000	0.007
INP	检验值	0.183	46.562	19.943	26.711	0.092
	P 值	0.000	0.000	0.000	0.000	0.761

由表 3 - 3 结果可以看到，六个模型因变量的 Moran 指数均为
正数，并且均通过了显著性水平为 5% 的显著性检验，这意味着
以上因变量均存在显著的空间相关性。通过进一步的 LM 检验发
现，GDP、IES 收敛模型的 LMerr（R - LMerr）在 1% 的水平上均

比 LMlag（R - LMlag）显著，说明 GDP、IES 的收敛性采用动态空间误差模型进行检验比较好。MLTC、MLEC、INP 收敛模型的 LMerr 和 LMlag 均在 1% 的水平上显著，但其 R - LMerr 在 1% 的水平上均比 R - LMlag 显著，这意味着在进行 MLTC、MLEC、INP 收敛性检验时，选择动态空间误差模型是比较合适的。EPC 收敛模型的 LMlag（R - LMlag）在 10% 的水平上均比 LMerr（R - LMerr）显著，说明 EPC 的收敛性采用动态空间滞后模型进行检验比较恰当。

三 经济增长源泉的空间 β 收敛结果分析

根据模型的 Moran 指数和 LM 检验结果，除对环境管制（EPC）贡献的经济增长采用空间滞后模型进行收敛性检验外，其他变量贡献的经济增长全部采用空间误差模型进行收敛性检验。该项检验采用的回归方法为无条件极大似然估计法，相关结果如表 3 - 4 所示。

表 3 - 4 中国省区经济增长源泉的空间 β 收敛检验结果

模型因变量	变量	无固定效应	空间固定效应	时间固定效应	时空固定效应
GDP	α	0.061**			
	δ	0.700*	0.668*	0.760*	0.660*
	β_{GDP}	0.003**	- 0.015**	- 0.001	- 0.090**
	λ	0.990*	0.989*	0.980*	0.993*
	$\bar{R}^2$	0.503	0.592	0.713	0.773
	σ^2	0.001	0.001	0.001	0.001
	log - likelihood	977.056	1013.188	1074.762	1116.540
	残差的 Moran 指数检验	0.436 (0.000)	0.403 (0.000)	0.056 (0.003)	0.076 (0.210)

续表

模型因变量	变量	无固定效应	空间固定效应	时间固定效应	时空固定效应
MLTC	α	0.367 ***			
	δ	0.022	-0.150 ***	0.154 ***	0.027 ***
	β_{MLTC}	-0.036 ***	-0.302 **	0.008	0.162 *
	λ	0.990 *	0.988 **	-0.989 **	-0.980 *
	$\bar{R}^2$	0.177	0.191	0.798	0.822
	σ^2	0.082	0.067	0.017	0.015
	log – likelihood	59.957	-24.948	222.72	245.683
	残差的 Moran 指数检验	0.851 (0.000)	0.846 (0.000)	-0.008 (0.683)	-0.016 (0.405)
MLEC	α	-0.034			
	δ	-0.023	-0.049	-0.031	-0.073 ***
	β_{MLEC}	0.002	0.004	0.002	0.177 ***
	λ	0.987 **	0.980 **	-0.989 *	-0.982 *
	$\bar{R}^2$	0.001	0.029	0.206	0.245
	σ^2	0.006	0.006	0.005	0.004
	log – likelihood	396.734	401.913	437.573	446.518
	残差的 Moran 指数检验	0.173 (0.000)	0.178 (0.000)	-0.019 (0.323)	-0.015 (0.399)
EPC	α	0.031			
	δ	0.017	-0.111	0.034	-0.115 ***
	β_{EPC}	-0.003	0.002	-0.003	0.267 **
	ρ	0.999 **	0.999 *	-0.999 *	-0.999 *
	$\bar{R}^2$	0.002	0.121	0.033	0.180
	σ^2	0.005	0.004	0.004	0.004
	log – likelihood	451.826	474.713	457.685	487.174
	残差的 Moran 指数检验	-0.001 (0.992)	0.001 (0.969)	-0.023 (0.223)	-0.021 (0.256)

续表

模型因变量	变量	无固定效应	空间固定效应	时间固定效应	时空固定效应
IES	α	0.076 ***			
	δ	0.357 *	0.155 ***	0.355 *	0.125 ***
	β_{IES}	-0.010 ***	-0.009	-0.011 **	0.101
	λ	0.989 **	0.986 **	-0.989 **	-0.989 **
	$\bar{R}^2$	0.168	0.295	0.221	0.355
	σ^2	0.004	0.003	0.004	0.003
	log-likelihood	489.450	519.302	500.970	534.965
	残差的 Moran 指数检验	0.046 (0.014)	0.066 (0.000)	-0.006 (0.754)	0.003 (0.854)
INP	α	-0.159			
	δ	0.445 *	0.230 **	0.495 *	0.232 **
	β_{INP}	0.037	0.193 **	0.016	-1.814 **
	λ	0.990 *	0.990 *	-0.990 *	-0.989 *
	$\bar{R}^2$	0.181	0.295	0.359	0.480
	σ^2	0.188	0.162	0.147	0.119
	log-likelihood	-210.141	-183.212	-166.546	-128.881
	残差的 Moran 指数检验	0.202 (0.000)	0.205 (0.000)	-0.015 (0.409)	-0.014 (0.455)

注：*、**、*** 分别表示相关变量通过了 1%、5%、10% 显著性水平检验。

由表 3-4 可知，各模型的空间自相关系数（ρ 和 λ）至少通过了 5% 的显著性检验。这说明中国省区的经济增长具有较强的空间依赖性和集聚效应，包含空间因素的经济增长收敛性研究才能真实地反映各增长源泉对地区经济差距的影响效应。表 3-4 显示，除环境技术效率收敛模型外，其他模型四种回归的 β 参数符号均有差异。这主要是因为面板数据是二维数据，样本在不同维度的相关性是有差异的，不同的固定效应决定着变量之间不同的相关性，从而导致回归参数大小以及符号的差异。回归结果中的无固定效应意味着所有省区的经济增长速度都是相同的，并且不随时空变化发生改变，这显然有悖于现实。通过比较另外三种固定效应的回归结果可以发现，各模型在时间、空间双向固定条件下的 $\bar{R}^2$、$\log-likelihood$ 都是最大的，σ^2 是最小的，δ 均是显著的，这说明双向固定效应的回归结果是最好的。

在进行空间计量时还必须考虑遗漏变量检验问题。遗漏变量是空间计量较为棘手的问题，而空间滞后被解释变量的引入则使这一问题得到了一定程度的缓解。为了进一步解决遗漏变量问题，需要对每个模型的残差进行 Moran 指数检验。这种检验基于这一思想，即如果模型遗漏了重要解释变量，则模型残差必然会产生显著的空间自相关性。反之，如果模型残差没有显著的空间自相关性，则意味着模型没有重要变量遗漏。由表 3 - 4 可以看到，以 GDP、MLTC、MLEC、INP 为因变量的无固定效应模型和空间固定效应模型的残差都存在一些 Moran 值较大，同时 p 值又均小于 0.05 的情况；而以 GDP 为因变量的时间固定效应模型残差的 Moran 指数 p 值也小于 0.05，这说明这些模型在回归时存在不同程度的变量遗漏问题。由表 3 - 4 可以发现，所有的时空固定效应模型残差的 Moran 值均没有超过 0.1，同时其相应的 p 值均大于 0.2。这说明模型回归残差不存在显著的空间自相关性，因而该类模型不存在重要变量遗漏问题。

综上所述可以看出，在四类回归模型中，双向固定效应模型的回归结果是最为可靠和稳健的。这同时也意味着在进行空间面板回归时，需要同时考虑个体差异和时间变化对个体异质性的影响，仅考虑一个方面都会造成估计结果的偏差。进一步比较 $\bar{R}^2$、$\log-likelihood$、σ^2 可以发现，将省区经济增长、环境技术进步、环境技术效率以及要素投入作为被解释变量的收敛模型的时间固定效应回归结果总体上要优于空间固定效应回归结果，而环境管制和产业环境结构的空间固定效应回归结果则总体上优于时间固定效应回归结果。这说明时间因素对省区经济增长、环境技术进步、环境技术效率以及要素投入收敛性的影响较大，而个体差异对环境管制和产业环境结构收敛性的影响较大。

　　下面将根据时空固定效应回归结果进行中国省区经济增长源泉的收敛性分析。由表 3－4 可以看到，2000～2014 年中国省区经济增长的收敛系数为 －0.090，并且通过了 5% 的显著性检验，这说明在此期间中国省际经济增长差距总体上是趋于缩小的，这一结论和前面 GDP 的空间 σ 收敛分析结果基本上是一致的。这一结论说明，中国自 2000 年以来实施的"西部大开发"战略和中部崛起计划，在加快中国中西部地区经济发展、缩小省际差距方面已发挥显著作用，中国地区差距扩大的势头得到有效遏制。

　　中国省区环境技术进步和环境技术效率所贡献的经济增长的收敛系数分别为 0.162 和 0.177，并且均通过了 10% 的显著性检验。这意味着中国环境全要素生产率所贡献的经济增长的省际差距趋于扩大，而环境全要素生产率差异是导致省际经济差距扩大的一个重要因素。这也与前面相应变量的空间 σ 收敛分析结论是一致的。对这一结论的解释是，科技和管理是推动经济增长的重要动力，而中国东部发达地区又是技术创新的活跃地区和人才"洼地"，由于各种技术壁垒和体制障碍，东部先进的节能环保技术和管理经验较难扩散到中西部落后地区并有效发挥作用，从而导致地区经济增长差距持续扩大。

　　环境管制的收敛系数为 0.267 且在 10% 的显著性水平上通过检验，这说明其对中国省际经济差距的扩大有较显著的促进作用，这和其空间标准差的变动趋势大体一致。这一结果主要是由中国各地区环境污染管制的严厉程度差异较大所导致，这种差异可以从环境管制在四大地区经济增长的贡献中看出。

产业环境结构对中国省际经济差距具有不显著的扩散效应，这恰恰也是其空间标准差变化趋势不明确的另一种反映。产业环境结构对中国省区经济增长具有较小的负向影响。中国多数省区的产业环境结构状况又较为相似，即高耗能、高污染产业比重高，节能环保产业比重低，这样产业环境结构差异对中国省区经济增长差距的影响就会十分有限。

要素投入的收敛系数为 - 1.814 并通过了 5% 的显著性检验，这说明要素投入对中国省际经济增长的收敛性具有很强的促进作用，同时也进一步印证了中国省区 GDP 和要素投入都具有空间 σ 收敛趋势的结论。对这一结果的解释是，为了促进中国地区经济的协调可持续发展，国家改变了"东部偏向"的投资策略，不断加大对中西部地区的投资和政策倾斜，使得中西部地区的基础设施不断完善，产业技术改造不断加强，经济结构逐步优化，从而增强了地区经济发展的活力和后劲，使得东部、中部、西部地区的经济差距日趋缩小。由于中国经济增长是要素驱动型的，要素投入对经济增长的贡献最大，所以其产生的经济收敛效应要远大于其他经济增长源泉所产生的扩散效应，从而决定了整体经济增长呈现收敛效应。

第四章

绿色增长源泉对中国地区经济
差距的影响效应分析

探讨绿色增长源泉对地区经济差距的影响是本书的核心内容之一。本章将利用核密度分析法、状态空间模型以及脉冲响应和方差分解方法来研究绿色增长源泉对地区经济差距的影响效应。

第一节　基于经济增长核算的地区差距研究综述

中国经济在近年来保持了持续高速增长的态势，但与此同时，地区经济差距也日益拉大。推动中国经济高速增长的源泉是什么？它们对地区差距的影响如何？这些问题已引起了越来越多学者的关注。

通过考虑环境因素的经济增长核算和分解（即将经济增长源泉分解为环境全要素生产率、投入因素和其他因素）来分析各增长源泉对地区差距影响效应的研究非常少见，而基于不考虑环境因素的经济增长核算的地区差距研究则较多。它们一般采用两种方法：一是索洛模型或修正索洛模型，二是前沿技术方法。索洛模型立足于经济增长现象，结构严谨，应用简便，是研究经济增长问题常采用的一种经典实证分析方法。它不但可以测算出全要素生产率水平，同时还可以计算出各投入要素对经济增长的贡献度，因而其对经济增长源泉及地区差距的分析具有独特的优势。采用这种方法的相关研究有李京文和钟学义（1998）、Chow 和 Lin（2002）、彭国华（2005）、李静等（2006）、傅晓霞和吴利学（2006）、石风光和李宗植（2009）等。上述文献在分析全要素生产率水平和要素投入水平对地区差距的影响时主要采用收敛分析法。尽管这种方法应用比较普遍，且在一定程度上能够反映出地区差距与各经济增长源泉之间的变化关系，但它也存在着诸多缺陷，如未考虑相关变量的平稳性和地区经济的异质性问题导致的虚假回归等。另外，由于该方法是基于横截面数据回归的，因而难以体现出经济增长源泉对地区差距影响的长期和短期效应，也无法揭示它们之间相互作用的动态过程和内在机制。利用索洛方法所得到的全要素生产率不能够进一步分解，因而也就不能真正揭示出中国地区经济增长和差距扩大的具体根源。

　　基于前沿技术方法进行地区经济增长源泉收敛效应的研究较多，主要有郭庆旺等（2005）、郝睿（2006）、唐杰和孟亚强（2008）、吴建新（2009）、傅晓霞和吴利学（2009）、郭玉清和姜磊（2010）、史修松和赵曙东（2011）等。上述研究对中国地区经济增长源泉及其收敛机制进行了深入探讨，但仍然有进一步完善的空间。郝睿（2006）、唐杰和孟亚强（2008）、郭玉清和姜磊（2010）、史修松和赵曙东（2011）均采用了绝对 β 收敛分析方法研究各经济增长源泉对地区差距的影响，但除史修松和赵曙东（2011）外，都未考虑地区经济增长的空间相关性，只是将经济体视为互相独立的个体而忽视地区间的经济社会联系这一客观现实将会影响其研究结论的可靠性。尽管史修松和赵曙东（2011）在相关分析中考虑了空间因素，但这种空间计量是静态的。想要准确地反映经济变量之间的内在联系，不仅需要使用静态面板数据模型，还必须考虑运用动态空间面板数据方法。郭庆旺等（2005）、吴建新（2009）、傅晓霞和吴利学（2009）在利用前沿技术方法测算出全要素生产率及其构成后，采用核密度估计方法进一步分析了各经济增长源泉对地区产出收敛态势的动态影响，在一定程度上揭示了经济增长源泉和地区差距的关系。但他们都没有具体计算并分析各经济增长源泉对地区差距影响的长期和短期效应以及时变弹性系数，只是利用核密度分布图进行直观判断，准确性较差。因此，相关研究还需要利用其他计量方法加以检验，以证明结论的稳健性。

第二节　中国省区经济增长源泉贡献产出的分布分析

β 收敛分析是当前进行地区经济增长收敛性检验较常使用的方法，但该方法无法反映经济增长的多重稳态和多峰收敛，而核密度方法则能很好地弥补 β 收敛分析的这个不足。核密度方法使用核密度估计量来估计横截面的分布，其原理如下所述。

设 p 维随机向量 X 的密度函数为 $f(x) = f(x_1, \cdots, x_n), X_1, X_2, \cdots, X_n$ 为它的一个独立同分布的样本，则 $f(x)$ 的核估计为：

$$\hat{f}_n(X) = \frac{1}{nh^p} \sum_{i=1}^{n} K\left[\frac{x - X_i}{h}\right] \qquad (4-1)$$

其中 $K(\cdot)$ 为核函数，h 为带宽。核函数的形式有很多，其中 Epanechnikov 核函数比较常用：

$$K(u) = \frac{p(p+2)}{2S_p}(1 - u_1^2 - u_2^2 - \cdots - u_p^2)_+ \qquad (4-2)$$

其中，$S_p = 2\pi^{p/2}/\Gamma(p/2)$。当 $p = 1$ 时，$K(u) = 0.75(1 - $

$u^2)I(\mid u\mid \leq 1)$，其中 $I(\cdot)$ 为显性函数，若括号内的不等式成立，取值为 1，否则取值为 0。其样本形式为：

$$K_h(x - X_i) = \frac{p(p+2)}{2hS_p}\left\{1 - \left[\frac{x_1 - X_{i1}}{h}\right]^2 - \cdots - \left[\frac{x_p - X_{ip}}{h}\right]^2\right\}_+ \quad (4-3)$$

一　基于四重分解结果的中国省区经济增长分布分析

经济增长四重分解模型即公式（2-10）两边同时取对数，这样就可以得到经济增长率计算公式：

$$\dot{y} = \dot{TP} + \dot{TE} + \dot{K} + \dot{H} \quad (4-4)$$

其中，$\dot{y}$ 为经济增长率，$\dot{TP}$、$\dot{TE}$、$\dot{K}$ 及 $\dot{H}$ 分别为环境技术进步、环境技术效率、资本深化及人力资本积累所贡献的经济增长率。借鉴 Jorgenson 和 Nishmizu（1978）、傅晓霞和吴利学（2009）等的方法，可以进一步得到经济虚拟增长的构造公式：

$$y_T = \prod_{t=S+1}^{T}(\dot{TP}_t + \dot{TE}_t + \dot{K}_t + \dot{H}_t + 1)y_S \quad (4-5)$$

其中，y_T 为末期产出水平，y_S 为初期产出水平，$\dot{TFP}_t = \dot{TP}_t + \dot{TE}_t$，将 $\dot{x}_t = \dot{K}_t + \dot{H}_t$ 作为投入因素对经济增长的贡献，这样式（4-5）就可以简化为：

$$y_T = \prod_{t=S+1}^{T}(\dot{TFP}_t + \dot{x}_t + 1)y_S \quad (4-6)$$

在公式（4-6）中可以通过单独保留 $\dot{TFP}_t$、$\dot{x}_t$ 或者它们构成成分中的任何一部分来得出其在 y_S 基础上所达到的产出水平，再通过将各增长源泉所贡献的产出分布图与初期及末期产出分布图进行比较即可判断其对地区经济差距的影响。

利用上述方法可以得到环境全要素生产率、投入要素及其构成

的产出贡献分布图。由图4－1可以看出，与1985年劳均产出分布
曲线相比，累积环境全要素生产率与要素投入所贡献的产出分布曲
线的波峰都有所右移。其中环境全要素生产率分布曲线波峰右移幅
度稍大，这说明环境全要素生产率与要素投入对经济增长都起到了
拉动作用。环境全要素生产率与要素投入分布曲线波峰右移的同
时，峰体变宽，波峰均显著下降，而环境全要素生产率分布曲线的
波峰比要素投入曲线的波峰更低。这说明环境全要素生产率和要素
投入均造成了地区经济差距的扩大，其中环境全要素生产率在拉动
经济增长方面造成的差距更大。另外，环境全要素生产率分布曲线
的跨度也大于要素投入，这也说明了环境全要素生产率对省际经济
差距造成的影响要大于要素投入。

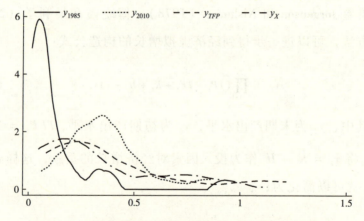

图4－1　环境全要素生产率和要素投入所贡献的产出分布

注：y_{1985}、y_{2010}分别表示1985年和2010年中国劳均产出的分布曲线；y_{TFP}、y_X分别表示环
境全要素生产率和要素投入所贡献的产出分布曲线。

可以用同样的方法分析环境全要素生产率构成及各种投入要素
对地区经济差距的影响。由图4－2可以看到，环境技术效率贡献
的产出分布曲线在四种增长源泉的分布曲线中主峰峰体最宽，波峰
最低，且与2010年劳均产出的分布曲线较为相似。据此可以推断，

环境技术效率是使中国省际经济差距扩大的重要原因。市场化程度和对外开放度是推动地区经济增长的重要力量，而它们均属于技术效率类因素。中国实行改革开放以来，省际市场化程度和对外开放度的差距在不断扩大，总体表现为技术效率对地区差距的影响在不断增强。由图 4 - 2 可知，资本深化和环境技术进步贡献的产出分布曲线与 1985 年劳均产出分布相比均有所不同。二者的主峰峰体比 1985 年劳均产出分布曲线的主峰峰体更宽，且主峰高度也比 1985 年劳均产出分布曲线的主峰高度低，其中资本深化产出分布曲线的波峰更低。据此我们也可以推断，资本深化对地区经济差距的影响要大于环境技术进步的初步结论。通过计算还发现，资本深化贡献产出的极差为 1.23，而环境技术进步贡献产出的极差仅为 0.24，这也从另外一个角度佐证了这一判断。对这一判断的解释是，中国当前粗放型的增长方式决定了投入要素将对地区差距产生重要影响，而环境技术进步则可以防止和治理污染，改善生态环境，实现经济的协调发展。但近年来各地区频发的雾霾则说明中国地区环境技术对经济增长和地区差距没有产生明显作用，环境技术提升任重道远。由图 4 - 2 可以看到，人力资本贡献产出分布曲线的波峰要高于 1985 年的劳均产出分布曲线波峰，其峰体也窄于 1985 年的劳均产出分布峰体，这说明人力资本贡献产出分布的省际经济差距较小，即人力资本对省际经济差距的影响较小。

二　基于五重分解结果的中国省区经济增长分布

为了真实地反映经济增长的收敛状况，采用上述核密度方法估计期初和期末的产出分布，同时期初产出与经济增长的五个分解成分分别相乘，得到各增长源泉贡献产出的分布，通过产出分布形态的变化来分析各经济增长源泉对地区经济差距的影响效应，相关结

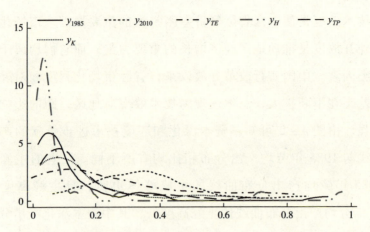

图4-2 环境全要素生产率构成和各种投入要素所贡献的产出分布

注：y_{TE}、y_{TP}、y_K、y_H分别表示环境技术效率、环境技术进步、资本深化和人力资本积累所贡献的产出分布曲线。

果如图4-3所示。

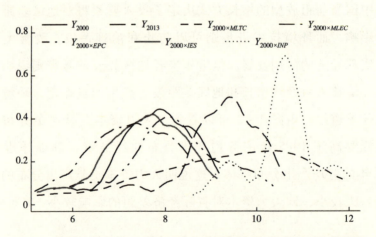

图4-3 2000~2013年中国省区经济增长源泉贡献产出的核密度分布

注：Y_{2000}、Y_{2013}分别表示2000年和2013年的产出分布；$Y_{2000 \times MLTC}$、$Y_{2000 \times MLEC}$、$Y_{2000 \times EPC}$、$Y_{2000 \times IES}$、$Y_{2000 \times INP}$分别表示环境技术进步、环境技术效率、环境管制、产业环境结构、要素投入所贡献的产出分布曲线。

由图4-3可以看到，与2000年中国省区的 GDP 产出分布相比，2013年的 GDP 产出分布有所收敛，产出分布的主峰有所提高并向高产出方向大幅移动。这说明 2000～2013 年中国各省区的产出都实现了增长，并且省区间的经济增长差距也有所缩小。

图 4-3 显示，环境技术进步所贡献产出的分布分散程度较大，但其主峰却位于较高产出水平上，这说明环境技术进步虽是拉动中国省区经济增长的重要力量，但其省际的差距也是较大的。环境技术效率所贡献的产出分布主峰与 2000 年中国省区的产出分布主峰相比左移并有所下降，同时峰体也有所变宽，这意味着中国省区环境技术效率的普遍恶化拉低了中国省区经济的增长，同时还导致了中国省际经济差距的扩大。环境管制所贡献的产出分布主峰与 2000 年中国省区的产出分布主峰相比有所下降和右移，同时整个分布的跨距也有所扩大，这说明环境管制在促进中国省区经济增长的同时还会拉大省际经济差距。进一步观察可以发现，产业环境结构所贡献的产出分布形态与 2000 年中国省区的产出分布（Y_{2000}）基本相同，只是主峰出现了左移和下降。这意味着中国省区的产业环境结构阻碍了地区经济增长，但这一因素对中国省际经济差距的影响不大。要素投入所贡献的产出分布出现了非常显著的收敛，其分布的主峰高度和右移幅度在所有的产出分布中是最大的。这意味着在所有的分解成分中，要素投入对中国省区经济增长的贡献最大，同时也是促使中国省区经济增长趋向收敛的唯一力量。

第三节　中国省际经济差距来源的时变参数分析

利用经济协动空间权重矩阵计算发现，2001～2013 年中国省区经济增长率及各经济增长源泉的 Moran 指数均为正值，且都通过了 5% 的显著性检验。这说明各省区的相关指标的变化并非处于随机状态，而是表现出一定程度的空间相关性。为此，用各增长源泉考虑空间相关性的标准差来研究其对中国省际经济差距的影响显得十分必要。

一　变量的平稳性检验与协整检验

如前所述，利用一阶空间滞后面板数据模型和经济协动空间权重矩阵计算出中国省区 GDP 增长及其五个分解成分的空间标准差，即 GDP 增长率空间标准差（dY）、环境技术进步空间标准差（$SMLTC$）、环境技术效率空间标准差（$SMLEC$）、环境管制空间标准差（$SEPC$）、产业环境结构空间标准差（$SIES$）和要素投入空间标准差（$SINP$）来表示，限于篇幅，这里不再给出相关计算数值。在利用上述空间标准差进行中国省际经济差距来源的计量分析之前，需要对相关变量进行平稳性检验，以防止出现伪回归，结果见表 4 - 1。六个变量的原序列是不平稳的，但它们的一阶差分序列的 ADF 检验值至少在 5% 的显著性水平上通过检验。这说明它们的一阶差分序列是平稳的，从而 6 个变量均是 I（1）序列，因而可以对这些变量做进一步的协整检验，结果如表 4 - 2、表 4 - 3 所示。

表 4 - 1　变量的平稳性检验

变量	ADF 检验值	1% 临界值	5% 临界值	结论
dY	- 2.866	- 4.121	- 3.144	不平稳
$SMLTC$	- 1.854	- 2.771	- 1.974	不平稳
$SMLEC$	- 1.909	- 4.121	- 3.144	不平稳
$SEPC$	2.188	- 4.200	- 3.175	不平稳
$SIES$	- 2.944	- 4.121	- 3.144	不平稳
$SINP$	- 1.851	- 4.121	- 3.144	不平稳
$\triangle dY$	- 3.823	- 4.200	- 3.175	平稳
$\triangle SMLTC$	- 8.351	- 4.200	- 3.175	平稳
$\triangle SMLEC$	- 3.424	- 4.200	- 3.175	平稳
$\triangle SEPC$	- 4.496	- 4.200	- 3.175	平稳
$\triangle SIES$	- 5.700	- 4.200	- 3.175	平稳
$\triangle SINP$	- 6.584	- 4.420	- 3.259	平稳

　　表 4-2 和表 4-3 结果表明,迹检验和最大特征值检验均在 5% 显著性水平上拒绝没有协整关系的零假设,六个变量至少存在一个协整关系。由上述检验可以看出,尽管六个变量是不平稳的,但它们都是一阶单整的,并且存在协整关系,因而可以利用状态空间模型和脉冲响应及方差分解方法研究中国省区经济增长源泉对中国省际经济差距的影响。

表 4-2　迹统计量协整检验结果

零假设	特征值	迹统计量	5% 临界值	相伴概率
$r = 0^*$	0.929	108.700	95.753	0.004
$r \leq 1$	0.863	66.218	69.818	0.093
$r \leq 2$	0.662	34.437	47.856	0.478
$r \leq 3$	0.478	17.043	29.797	0.636
$r \leq 4$	0.337	6.625	15.494	0.621
$r \leq 5$	0.003	0.045	3.841	0.830

　　注:检验形式采取线性确定性趋势;无约束自回归模型滞后阶数为 1,所以协整检验的滞后阶数为 0;＊为在 5% 的显著水平上拒绝零假设。

表 4-3　最大特征值协整检验结果

零假设	特征值	迹统计量	5% 临界值	相伴概率
$r = 0^*$	0.929	42.481	40.077	0.026
$r \leq 1$	0.862	31.781	33.876	0.087
$r \leq 2$	0.662	17.393	27.584	0.546
$r \leq 3$	0.478	10.418	21.131	0.704
$r \leq 4$	0.337	6.5795	14.264	0.540
$r \leq 5$	0.003	0.0459	3.8414	0.830

　　注:检验形式采取线性确定性趋势;无约束自回归模型滞后阶数为 1,所以协整检验的滞后阶数为 0;＊为在 5% 的显著水平上拒绝零假设。

二　回归参数的滤波序列分析

　　利用相关变量,我们建立如下形式的状态空间模型。

量测方程：

$$dY = C(1) + SV1 \times SMLTC + SV2 \times SMLEC +$$
$$SV3 \times SEPC + SV4 \times SIES + SV5 \times SINP + \mu_t \qquad (4-7)$$

状态方程：

$$SV1 = SV1(-1) + \varepsilon_{1t}$$
$$SV2 = SV2(-1) + \varepsilon_{2t}$$
$$SV3 = SV3(-1) + \varepsilon_{3t}$$
$$SV4 = SV4(-1) + \varepsilon_{4t}$$
$$SV5 = SV5(-1) + \varepsilon_{2t} \qquad (4-8)$$

$$(\mu_t, \varepsilon_t) \sim N\left[\begin{pmatrix}0\\0\end{pmatrix}, \begin{pmatrix}\delta^2 g\\ g\ Q\end{pmatrix}\right] \qquad (4-9)$$

$SV1$、$SV2$、$SV3$、$SV4$ 和 $SV5$ 分别为变量 $SMLTC$、$SMLEC$、$SEPC$、$SIES$ 和 $SINP$ 的时变参数，它们的值能够反映出各增长源泉对省际经济差距的影响随着时间的推移所发生的变化。在初始值的影响下，前几期的时变参数往往难以客观反映变量之间的互动关系，为此，下面分析 2006～2013 年各增长源泉对省际经济差距的动态影响，结果如图 4-4 所示。

由图 4-4 可以看到，环境技术进步时变参数 $SV1$ 由 2006 年的最高值 0.830 陡然下降至 2007 年的 0.139，然后总体保持这一水平至 2009 年，而 2010 年又下降至接近 0 后保持稳定。环境技术效率时变参数 $SV2$ 的变化和环境技术进步时变参数 $SV1$ 的变化过程非常相似，由 2006 年的最高值 1.844 下降至 0.300 左右。环境管制时变参数 $SV3$ 的变化趋势和 $SV1$、$SV2$ 基本一致，只是其最大值与最小值的差距达到了 3.53。产业环境结构时变参数 $SV4$ 的变化情况与前三者均不相同，由 2006 年的 -0.347 上升至 2007 年的 0.423，然后连续下降，2010 年下降至 0.095 后基本保持稳定。要素投入时变参

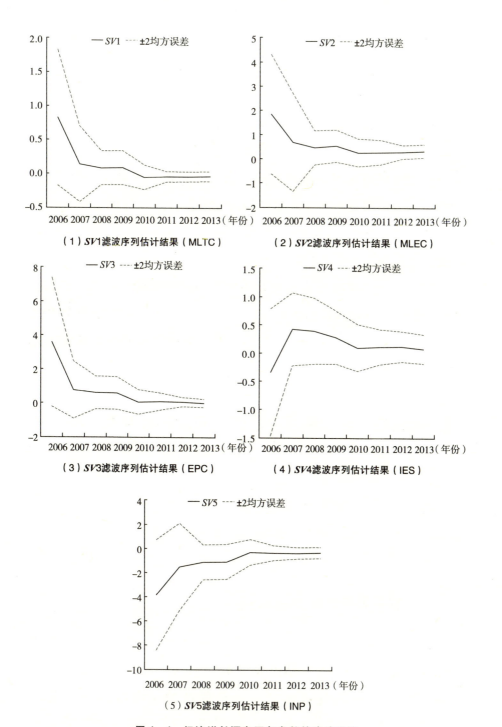

（1）SV1滤波序列估计结果（MLTC）

（2）SV2滤波序列估计结果（MLEC）

（3）SV3滤波序列估计结果（EPC）

（4）SV4滤波序列估计结果（IES）

（5）SV5滤波序列估计结果（INP）

图4－4　经济增长源泉回归参数的滤波序列

数 $SV5$ 在整个考察期内均为负值且总体呈上升趋势，由 2006 年的最低值 -3.852 上升至 2010 年以后的 -0.300 左右。总体比较五种经济增长源泉的时变参数大小及变化趋势可以发现，要素投入是缩小中国省际经济差距的唯一因素，其他经济增长源泉总体上都导致了中国省际经济差距的扩大，可以通过比较时变参数的平均值来判断它们对中国省际经济差距影响的大小。环境技术进步时变参数、环境技术效率时变参数、环境管制时变参数、产业环境结构时变参数、要素投入时变参数的平均值为分别为 0.147、0.583、0.713、0.122、-1.102。因此，要素投入对中国省际经济差距的影响最大（缩小作用），其次按大小分别是环境管制、环境技术效率、环境技术进步和产业环境结构的影响（扩大作用），并且这些影响都随着时间的推移逐渐变小。这一结论和基于五重分解结果的中国省区经济增长分布分析结论基本上是一致的。

第四节　中国省际经济差距来源的脉冲响应和方差分解分析

为进一步印证核密度和时变参数分析结果并确保研究结论的可靠性，下面还将继续进行中国省际经济差距来源的脉冲响应和方差分解分析。

一　脉冲响应分析

采用脉冲响应分析方法，可以得到中国省际经济差距对经济增长源泉的脉冲响应函数，结果如图 4-5 所示。来自环境技术进步的一个标准差冲击使省际经济差距的脉冲响应值由第 1 期的 -0.0003 持续扩大至第 7 期的 0.001，此后连续下降，至第 10 期接近0。这一结果说明，环境技术进步的地区差距在前期会对省际经济增长差距的扩大起到促进作用，随着时间的推移，这种效应会有所减弱。对这一现象的解释是，技术创新往往在一些发达地区产生，并在应用于生产后对地区经济发展产生巨大的推动力，从而拉大了与缺乏技术创新或技术创新不活跃地区的发展差距。随着时间的推移，技术会产生扩散效应，原来的先进技术已逐渐转变为普遍技术，其对地区经济差距的扩大作用会趋于减弱。

来自环境技术效率的一个标准差冲击使省际经济差距的脉冲响应值由第 1 期的 -0.0001 持续扩大至第 6 期的 0.003，此后，逐渐减弱至接近 0 的水平。这意味着，环境技术效率的地区差异也会对地区经济差距产生正向影响，这种影响效应也经历了先强后弱的变化过程。环境技术效率反映了生产单位对现有环境技术的利用程度，其主要受管理水平、管理方法、经济体制、市场结构、产权制度等因素的影响。发达地区之所以有很高的生产率和经济发展水平，除其技术创新的贡献外，能够与技术创新相适应并能充分释放技术潜能的先进制度、体制和管理因素也功不可没，在某些时候其对地区发展的影响甚至会超过技术水平。当前，中国各领域的制度体制改革在全面开展，再加上管理的扩散效应，环境技术效率对中国省际经济差距的扩大作用必然会先强后弱。

省际经济差距对环境管制冲击的响应也经历了由小到大的过程。这是因为中国东部地区的环境管制较为严厉，环境约束可能会在短期内造成地区个别部门产出的下降，但这种约束也会迫使企业不断采用更为先进高效的节能环保技术发展生产，同时良好的生态环境也会对地区经济发展产生良好的外部效应，从而加快地区经济的发展。而落后省区为了承接发达地区转移的产业，加快地区经济发展，可能会放松对环境管制的要求，但这也会使地区发展背负更大的资源环境压力，使得经济发展呈现低速、低效甚至难以为继的局面，从而进一步拉大了其与发达地区经济发展的差距。

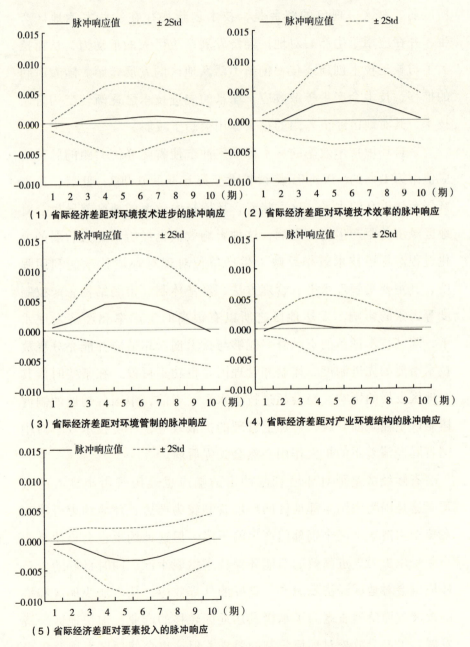

（1）省际经济差距对环境技术进步的脉冲响应　　（2）省际经济差距对环境技术效率的脉冲响应

（3）省际经济差距对环境管制的脉冲响应　　（4）省际经济差距对产业环境结构的脉冲响应

（5）省际经济差距对要素投入的脉冲响应

图 4－5　省际经济差距对经济增长源泉的脉冲响应

当前，在国家倡导经济转型发展的大背景下，中国落后省区为摆脱这一困局，已逐步走上了创新发展、绿色发展之路，从而使环境管制在拉大省际经济差距方面的效应有所下降。另外，中国省际经济差距对环境管制冲击的响应值总体上要大于相应时期对其环境技术进步和环境技术效率冲击的响应值。这说明环境管制对中国省际经济差距的影响要大于环境技术进步和环境技术效率。

省际经济差距对产业环境结构一个标准差冲击的响应值由第 1 期接近 0 的水平持续扩大至第 3 期的 0.001，此后又下降至略低于 0 的水平。对这一状况的解释是，中国东部发达地区的产业环境结构要优于中西部落后地区，落后地区在通过承接东部转移产业促进本地经济发展的同时，东部地区产业结构会实现更加迅速、高效的转型升级，从而使东部与中西部地区间的经济发展差距进一步拉大。随着时间的推移，资源环境的压力迫使中西部地区走向转型发展之路，技术创新不断出现，产业结构持续优化，经济发展内生动力日益增强，地区间的产业环境结构差异不断缩小，甚至成为缩小地区经济差距的一支不可忽视的力量。

省际经济差距对要素投入一个标准差冲击的响应值全部为负，这说明要素投入对中国省际经济差距起到缩小作用。具体来看，省际经济差距对要素投入冲击的响应值在第 1 期和第 2 期分别仅为 -0.0006 和 -0.0005，此后，响应值连续下降至第 5 期的 -0.0034，而后又继续上升，到第 10 期上升至接近 0 的水平。要素投入对中国省际经济差距的这种影响效应可以从国家发展战略层面进行解释。中国在早期实行的是"非平衡"发展战略，要素投入的"东部偏向"使中国地区经济差距不断扩大。国家为了缩小地区经济发展差距，实现区域经济的协调发展，又实施了"西部大开发"战略和"中部崛起"计划，加大了对中西部地区的投资力度。由于要素投入对经济增长的拉动存在滞后效应，所以其在第 1 期和第 2 期产生的缩小省际经济差距的作用较为有限。从第 3 期要素投入缩小省际经济差距的作用开始充分发挥，到第 5 期达到最大；而第 5 期之后这种作用又逐渐减弱，这主要是因为中国近年来大力倡导注重质量和效率的集约型发展方式，鼓励地区依靠技术创新、结构优化、改革红利和提高全要素生产率来激发经济增长的内生动力，而不是主要依靠加大要素投入来拉动经济增长，2011 年以来，中国对中西部地区的固定资产投资增速以较大的幅度放缓就很好地说明了这一点。

二　方差分解分析

方差分解是描述系统动态变化的一种方法，它表示当系统的某个变量受到不同结构冲击后，以变量的预测误差方差百分比的形式来反映不同内生变量冲击的重要性。由图 4 - 6 的方差分解结果可以看到，中国省际经济差距变化主要受自身波动的影响，在第 1 期之后，其贡献率逐步下降，第 9 期后基本保持在 51% 左右的水平。除此之外，各经济增长源泉波动的冲击对中国省际经济差距变化也产生不同程度的影响。其中，在第 5 期之前，环境管制对省际经济差距的影响是主要的，第 5 期之后，要素投入则成为主要影响因素。通过计算发现，环境管制对省际经济差距变动的平均贡献率为 14.01%，而要素投入的平均贡献率为 14.57%。环境技术效率的贡献率在各个时期均大于环境技术进步，而环境技术进步的贡献率又大于产业环境结构。环境技术效率和环境技术进步贡献率在经历了第 2 期和第 3 期两个上升阶段后，基本分别维持在 6% 和 3% 的稳定水平上。产业环境结构贡献率在第 2 期上升至的 3.32% 后，又经历了一个下降和上升的过程，在第 9 期之后又维持在 3.44% 左右的水平上。总的来说，要素投入对中国省际经济差距的影响是最大的。

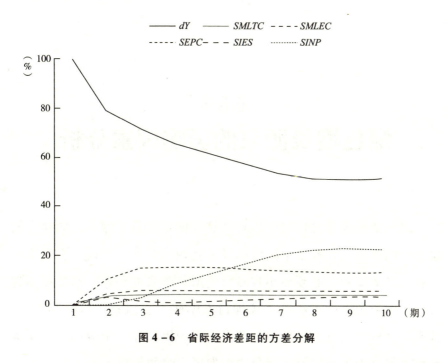

图4-6 省际经济差距的方差分解

以上利用脉冲响应和方差分解方法得出的研究结论可以与核密度和时变参数的分析结果相互印证，这表明有关中国省际经济差距来源的研究结论是稳健的、可靠的。

前文利用传统经济增长核算方法将中国省区经济增长分解为全要素生产率和要素投入两种增长源泉，进而研究了它们对省际经济差距的影响。结果发现，要素投入和全要素生产率省际差异的拉大都会导致省际经济差距的扩大，而全要素生产率的作用更显著。在考虑能源、环境因素后，全要素生产率差异仍然对地区经济差距扩大具有重要影响。这一结论和基于传统核算方法的研究结果基本一致，但要素投入则具有缩小省际经济差距的作用，这和传统研究结果是不同的。通过前述绿色增长核算方法的介绍以及多种研究方法的检验，有足够理由相信，要素投入对缩小省际经济差距的作用应该更为可信。

第五章

绿色增长源泉的影响因素分析

绿色增长源泉是影响中国省区经济增长的重要因素，同时它们也在不同程度上导致了中国省际经济差距的扩大。因而，要缩小中国省际经济差距就必须缩小省际绿色增长源泉的差距，而要缩小省际绿色增长源泉的差距就必须探讨有哪些主要因素会影响其变化。因而，分析中国省区绿色增长源泉的影响因素显得十分必要，这也是提出促进中国省区经济绿色协调发展对策的依据。

第一节　绿色增长源泉影响因素的线性分析

一　动态面板数据模型的构建及指标的选取

动态面板数据模型可以反映出被解释变量的动态变化特征，而且可以通过控制固定效应克服变量遗漏问题和反向因果性问题，因而在实证分析中被广泛应用。下面拟将五种经济增长源泉作为被解释变量，通过建立动态面板数据模型来分析各种因素对它们的影响。由于计算出来的五种增长源泉均是用指数形式表现出来的，它们只是反映相应指标邻近年份的变化，并不能反映各指标的实际水平，所以这里拟采用各增长源泉指数的累计值而不是当年值作为被解释变量，这样也能够较好地解决统计量的显著性问题。通过参考其他相关研究文献，拟选用以下指标作为解释变量：①技术创新能力（RD）：用研发投入占 GDP 比重表示；②FDI 水平：用实际利用外资占 GDP 比重表示；③经济结构（SE）：用第二产业产值占 GDP 比重表示；④能源强度（EI）：用各省能源消费总量与 GDP 比值表示；⑤污染治理强度（PTI）：用污染治理成本与 GDP 比值表示；⑥基础设施水平（INF）：用每平方公里的公路、铁路总长度表示；⑦对外开放水平（OPE）：用进出口总额与 GDP 比值表示；⑧所有制结构（OWN）：用国有和国有控股企业产值占 GDP 比重表示；⑨规模结构（SCA）：用大中型企业总产值占 GDP 比重表示。利用以上变量可建立如下形式的动态面板数据模型：

$$Y_{it} = \beta_0 + \beta_1 Y_{i,t-1} + \beta_2 RD_{it} + \beta_3 FDI_{it} + \beta_4 SE_{it} + \beta_5 EI_{it} + \beta_6 PTI_{it} + \beta_7 INF_{it}$$
$$+ \beta_8 OPE_{it} + \beta_9 OWN_{it} + \beta_{10} SCA_{it} + \mu_i + v_t + \varepsilon_{it} \qquad (5-1)$$

其中，Y_{it} 为被解释变量，代表五种经济增长源泉，μ_i 和 v_t 分别为时间和地区变量，ε_{it} 为回归误差项。模型中解释变量相关数据来自历年《中国统计年鉴》、《中国能源统计年鉴》和《中经网统计数据库》，变量样本观测值的统计描述如表 5-1 所示。

表 5-1　变量的描述性统计

变量	均值	最大值	最小值	标准差	观测值个数
技术创新能力	0.012	0.068	0.002	0.010	390
FDI 水平	0.026	0.096	0.001	0.022	390
经济结构	0.475	0.615	0.204	0.076	390
能源强度	1.384	4.629	0.377	0.767	390
污染治理强度	0.003	0.010	0.001	0.001	390

续表

变量	均值	最大值	最小值	标准差	观测值个数
基础设施水平	0.678	2.079	0.034	0.451	390
对外开放水平	0.337	1.799	0.036	0.423	390
所有制结构	0.477	1.122	0.127	0.178	390
规模结构	0.782	1.464	0.276	0.275	390

二　GMM 估计方法

动态面板数据 GMM 估计方法是常用的动态面板数据模型估计方法，它不需要随机扰动项的准确分布信息，同时允许随机扰动项存在序列相关性和异方差性，而且估计结果也比较稳健可靠，能够解决传统计量经济模型中的很多问题。下面介绍一下其估计方法。

具有外生变量的线性动态面板数据模型的一般形式为：

$$y_{it} = \beta_0 + \sum_{l=1}^{p} \alpha_l y_{i,t-1} + \sum_{k=1}^{K} \beta_k x_{kit} + \xi_i + u_{it} \qquad (5-2)$$

这里只考虑包含被解释变量的一阶滞后项的情况，模型如下：

$$y_{it} = \beta_0 + \alpha y_{i,t-1} + \sum_{k=1}^{K} \beta_k x_{kit} + \xi_i + u_{it} \qquad (5-3)$$

模型（5-3）满足如下假设条件：

①对于 $i=1,2,\cdots,N$，如果 ξ_i 是随机效应，则 $\xi_i \sim$ i.i.d$(0, \sigma_\xi^2)$。

②对于 $i=1,2,\cdots,N$；$t=0,1,2,\cdots,T$，则 $u_{it} \sim$ i.i.d$(0, \sigma_u^2)$。

③对于 $i=1,2,\cdots,N$；$t=0,1,2,\cdots,T$，则 $E(\xi_i u_{it}) = 0$

④解释变量 x_{kit} 与误差项 u_{it} 无关。

于是，对于 $i=1,2,\cdots,N$；$t=1,2,\cdots,T$；$s=0,1,2$，

$\cdots$，T；$E(x_{kis}\Delta u_{it}) = 0$，即 X_{i1}，X_{i2}，$\cdots$，X_{iT} 都是一阶差分模型。

$$\Delta y_{it} = \alpha\Delta y_{i,t-1} + \sum_{k=1}^{K}\beta_k\Delta x_{kit} + \Delta u_{it} \tag{5-4}$$

滞后项 $\Delta y_{i,t-1} = (y_{i,t-1} - y_{i,t-2})$ 的工具变量，$X_{it} = (x_{1it}, x_{2it}, \cdots, x_{kit})$。同时，$\Delta x_{kit}$ 也是 x_{kit} 的工具变量，因此，对于 $i = 1$，2，$\cdots$，N；$t = 1$，2，$\cdots$，T，则：

$$E(\Delta X_{it}\Delta u_{it}) = 0 \tag{5-5}$$

因此，一阶差分模型（5-4）的工具变量矩阵如下：

$$Z_i = \begin{pmatrix} [\,y_{i0}\Delta X_{i1}\,] & & & \\ & [\,y_{i0}y_{i1}\Delta X_{i2}\,] & & \\ & & \ddots & \\ & & & [\,y_{i0}y_{i1}\cdots y_{i,T-2}\Delta X_{iT}\,] \end{pmatrix} \tag{5-6}$$

即 $E(Z_i'\Delta u_i) = 0$

$$E(Z_i'(\Delta y_i - \alpha\Delta y_{i,-1} - \Delta X_i\beta)) = 0 \tag{5-7}$$

求解最小化问题：

$$\min_{\alpha,\beta}\left\{\left[\frac{1}{N}\sum_{i=1}^{N}Z_i'(\Delta y_i - \alpha\Delta y_{i,-1} - \Delta X_i\beta)\right]'W_N\left[\frac{1}{N}\sum_{i=1}^{N}Z_i'(\Delta y_i - \alpha\Delta y_{i,-1} - \Delta X_i\beta)\right]\right\} \tag{5-8}$$

类似的，模型（5-4）系数的一致 GMM 估计：

$$\begin{pmatrix} \hat{\alpha}_{GMM} \\ \hat{\beta}_{GMM} \end{pmatrix} = \left\{\left[\sum_{i=1}^{N}\begin{pmatrix}\Delta y_{i,-1}' \\ \Delta X_i'\end{pmatrix}Z_i\right]W_N\left[\sum_{i=1}^{N}Z_i'(\Delta y_{i,-1}\Delta X_i)\right]\right\}^{-1}\left\{\left[\sum_{i=1}^{N}\begin{pmatrix}\Delta y_{i,-1}' \\ \Delta X_i'\end{pmatrix}Z_i\right]W_N\left(\sum_{i=1}^{N}Z_i'\Delta y_i\right)\right\} \tag{5-9}$$

当假设条件 1、2 和 3 成立时：

$$\hat{W}_N = \frac{1}{N} \sum_{i=1}^{N} Z_i' G Z_i \qquad (5-10)$$

其中, $G = \begin{pmatrix} 2 & -1 & 0 \\ -1 & \ddots & -1 \\ 0 & -1 & 2 \end{pmatrix}_{T \times T}$ 。

Arellano 和 Bover（1995）得到了模型（5-4）系数的一致 GMM 估计：

$$\begin{pmatrix} \hat{\alpha}_{GMM} \\ \hat{\beta}_{GMM} \end{pmatrix} = \left\{ \left[\sum_{i=1}^{N} \begin{pmatrix} \Delta y_{i,-1}' \\ \Delta X_i' \end{pmatrix} Z_i \right] \hat{W}_N \left[\sum_{i=1}^{N} Z_i' (\Delta y_{i,-1} \Delta X_i) \right] \right\}^{-1} \left\{ \left[\sum_{i=1}^{N} \begin{pmatrix} \Delta y_{i,-1}' \\ \Delta X_i' \end{pmatrix} Z_i \right] \hat{W}_N \left(\sum_{i=1}^{N} Z_i' \Delta y_i \right) \right\}$$

$$(5-11)$$

其协方差矩阵：

$$\mathrm{Var} \begin{pmatrix} \hat{\alpha}_{GMM} \\ \hat{\beta}_{GMM} \end{pmatrix} = \sigma_\varepsilon^2 \left\{ \left[\sum_{i=1}^{N} \begin{pmatrix} \Delta y_{i,-1}' \\ \Delta X_i' \end{pmatrix} Z_i \right] \hat{W}_N^{-1} \left[\sum_{i=1}^{N} Z_i' (\Delta y_{i-1} \Delta X_i) \right] \right\}^{-1} \qquad (5-12)$$

三　GMM 估计结果分析

下面使用 GMM 方法进行中国省区经济增长源泉影响因素的实证分析，估计结果如表 5-2 所示。

由表 5-2 可以看出，五个模型系数的联合显著性检验的 Wald 值都在 1% 的水平上显著。这说明本书所设定的动态面板数据模型对样本数据的拟合是有统计意义的，回归方程整体上是有效的。另外，每个模型被解释变量的滞后项的回归系数均在 1% 的水平上显著为正，说明每个被解释变量的变化会受到自身惯性的显著影响。模型（Ⅰ）和模型（Ⅱ）的被解释变量同属于环境全要素生产率的主要构成部分，为了便于分析，下面对模型（Ⅰ）和模型（Ⅱ）的回归结果同时进行说明。

表 5 - 2　中国省区经济增长源泉影响因素的 GMM 回归结果

变量	模型（Ⅰ）		模型（Ⅱ）		模型（Ⅲ）		模型（Ⅳ）		模型（Ⅴ）	
	参数值	P 值	参数值	P 值	参数值	P 值	参数值	P 值	参数值	P 值
Y_{t-1}	0.873***	0.000	1.003***	0.000	0.999***	0.000	0.995***	0.000	0.987***	0.000
RD	57.327***	0.000	1.453	0.400	0.001	0.999	5.565***	0.001	-1.332	0.925
FDI	4.005**	0.037	0.839*	0.072	-0.002	0.992	-0.751	0.107	4.300***	0.008
SE	0.237	0.538	0.114	0.582	0.294***	0.000	-0.151***	0.005	0.634	0.311
EI	-0.689***	0.000	0.009	0.145	0.023***	0.000	-0.043***	0.000	0.135*	0.073
PTI	-26.622***	0.001	8.575*	0.076	-0.527**	0.031	10.461***	0.000	3.191	0.843
INF	0.221***	0.000	0.046***	0.008	-0.011**	0.018	0.120	0.750	0.012	0.863
OPE	0.345***	0.005	0.009	0.770	-0.042	0.122	0.024	0.275	-0.332	0.315
OWN	-0.476	0.126	-0.074**	0.043	-0.206	0.257	-0.119	0.363	-0.411	0.170
SCA	-0.436***	0.000	-0.087*	0.099	0.066	0.470	-0.094	0.204	1.704***	0.000
_cons	2.526***	0.000	0.909***	0.000	0.905***	0.000	1.195***	0.000	-0.070	0.821
Wald	89980***	0.000	12500***	0.000	16600***	0.000	46500***	0.000	19600***	0.000

注：表中模型（Ⅰ）、模型（Ⅱ）、模型（Ⅲ）、模型（Ⅳ）、模型（Ⅴ）分别表示以环境技术进步、环境技术效率、环境管制、产业环境结构和要素投入五种增长源泉为被解释变量的回归模型；表中数据为两步差分 GMM 估计结果；*、**、*** 分别表示在 10%、5%、1% 水平上显著。

　　模型（Ⅰ）和模型（Ⅱ）的回归结果表明，技术创新能力对环境技术进步的提升有显著的促进作用，而对环境技术效率的提升作用则不明显。这一结果与现实情况是相符的。FDI与环境技术进步和环境技术效率均表现出显著的正向相关性，这是因为外商直接投资在给我们带来资金的同时，也会带来先进的生产技术和管理经验，从而促进中国技术水平和技术效率的全面提升。经济结构对于环境技术进步和环境技术效率的促进作用不显著。能源强度仅与环境技术进步有显著关系，并且这种关系是反向的。这说明单位产出的能源投入越多，在生产中所采用的节能环保技术越落后。污染治理强度与环境技术进步具有显著反向关系，而与环境技术效率则具有显著正向关系。污染治理强度的加大说明当前企业采用的技术并不是节能环保的，而且治污也会耗费企业大量的资金，可能会影响研发投入。污染的治理也会使企业在投入相同的情况下，增加"好"产出，减少"坏"产出，从而提高环境技术效率。基础设施水平对环境技术进步和环境技术效率的提高均具有显著促进作用。这主要是因为基础设施水平越高越能为技术创新能力、技术创新效率以及生产管理效率的提高提供更好的外部条件。对外开放水平对环境技术效率没有显著影响，而对环境技术进步则具有显著正向影响。这主要是因为进口能产生技术溢出效应，同时贸易开放使得国内企业面临更多的市场竞争压力，这会促使企业更多地开展重组以及技术创新活动，从而对地区技术进步产生积极影响。所有制结构对环境技术进步没有显著影响，对环境技术效率则具有显著反向影响。这可能是因为中国国有企业的改革正处于攻坚期和深水区，国有企业还没有完全形成适应市场经济要求的管理体制和经营机制，从而影响了企业技术效率的有效提升。规模结构对环境技术进步和环境技术效率均具有显著反向影响。对这一现象的解释是，大企业的自身特点决定了其创新效率通常不及小企业，同时企业规模过大也会降低其生产管理效率。

由模型（Ⅲ）回归结果可以看到，九个解释变量中仅有经济结构、能源强度、污染治理强度以及基础设施水平对环境管制的产出效应产生显著影响。环境管制作为经济增长源泉，实际上体现的是加强环境管制对经济增长的约束效应，也可以理解为有多少经济增长是由于放松环境管制所获得的。在这一理解的基础上，下面来分析这四个变量的影响效应。由回归结果可知，经济结构对环境管制的产出效应具有显著正向影响。这是因为中国的环境管制总体上并不严格，而工业企业又是主要的排污单位，其比重的上升必然会加大环境管制的产出效应。能源强度对环境管制的产出效应同样具有显著正向影响。在中国当前环境管制较为宽松，企业的节能环保技术总体上较为落后的情况下，能源强度的加大则意味着更多以牺牲环境为代价的产出。环境污染治理强度与环境管制的产出效应呈现显著的反向变化关系，这是因为加大环境污染治理强度意味着环境管制的严厉，这显然会降低以牺牲环境为代价的产出。另外，基础设施水平对环境管制的产出效应也具有显著反向影响，这主要是因为良好的基础设施会为环境治理提供更好的外部条件，从而有助于提高环境治理效率。

模型（Ⅳ）的回归结果表明，仅有技术创新能力、经济结构、能源强度和污染治理强度四个变量对产业环境结构的产出效应有显著影响。加大研发投入会推动新技术、新产业和新业态的快速成长，从而不断改善地区产业结构，使高技术、高附加值产业的比重不断提高，从而有效提高产业环境结构的产出效应。总的来说，中国目前的工业生产技术相对落后，生产效率低下，环境污染严重，在这种情况下，工业比重的提高，能源强度的加大必然会妨碍产业环境结构的产出效应。环境污染治理强度对产业环境结构产出效应具有显著的正向影响，其回归系数高达10.461，是最主要的促进因素。这是因为环境污染治理强度的加大会迫使地区大力发展节能环保产业，实现产业结构的转型升级，从而增强产业环境结构的产出效应。

由模型（Ⅴ）的回归结果可以看到，仅有FDI水平、能源强度和规模结构对要素投入有显著的影响。FDI和能源都是拉动经济增长的重要因素，其对要素投入的促进作用不言而喻。大中型企业实力雄厚，是地区经济发展的主力军，也是地区要素投入的重要来源，规模结构的提高显然是有助于提升地区要素投入水平的。

为了检验表5-2中五个模型回归结果的稳健性，下面采用LLC、IPS、ADF-Fisher等面板数据单位根检验方法来检验上述五个模型面板残差的平稳性，结果如表5-3所示。

表5-3　动态面板数据模型残差平稳性检验

模型	LLC	IPS	ADF - Fisher Chi - Square	DF - Choi Z - Stat
模型（Ⅰ）	- 10.810 (0.000)	- 12.492 (0.000)	247.644 (0.000)	- 9.583 (0.000)
模型（Ⅱ）	- 9.729 (0.000)	- 7.283 (0.000)	183.748 (0.000)	- 8.291 (0.000)
模型（Ⅲ）	- 10.750 (0.000)	- 8.236 (0.000)	173.386 (0.000)	- 7.516 (0.000)
模型（Ⅳ）	- 9.610 (0.000)	- 7.172 (0.000)	149.585 (0.000)	- 6.035 (0.000)
模型（Ⅴ）	- 6.962 (0.000)	- 4.908 (0.000)	126.699 (0.000)	- 4.728 (0.000)

注：括号内数值为相应参数的P值。

五个模型面板残差单位根检验结果显示，所有模型的全部统计量的值均在 1% 显著性水平上拒绝原假设，即五个模型面板残差是平稳的，利用 GMM 方法所得出的五个动态面板数据模型的回归结果是可靠的。

第二节　绿色增长源泉影响因素的非线性分析

一　面板平滑转换模型

面板平滑转换模型（PSTR）是最早由 González 等（2005）提出的非线性模型，是面板门限回归模型（PTR）的一般形式，它不但可以刻画出面板数据的截面异质性，而且可以通过引入一个转换函数而使模型的系数呈现出连续变化的过程，从而使体制能够进行连续、平滑的转换。一个 PSTR 模型可以表示为：

$$y_{it} = \mu_i + \sum_{i=1}^{k} \beta_{i1} x_{it} + \sum_{j=1}^{r} \beta_{i2} x_{it} g_j\left(q_{it}^{(j)}; \gamma, c\right) + \varepsilon_{it} \qquad (5-13)$$

其中，q_{it} 为转换变量，$g_j\left(q_{it}^{(j)}; \gamma, c\right)$ 为转换函数，其值介于 0 和 1 之间。γ 为决定转换速度的斜率系数，c 为转换发生的位置参数，$g_j\left(q_{it}^{(j)}; \gamma, c\right)$ 一般采用逻辑函数形式：

$$g_j\left(q_{it}^{(j)}; \gamma, c\right) = \left\{1 + \exp\left[-\gamma \prod_{z=1}^{m}\left(q_{it}^{(j)} - c_{jz}\right)\right]\right\}^{-1} \quad \gamma > 0; c_{j1} \leqslant, \cdots, \leqslant c_{jm}$$

$$(5-14)$$

m 通常取 1 或 2，当 $m = 1$ 时，转换函数含有一个位置参数 c：

$$g_1\left(q_{it}; \gamma, c\right) = \left\{1 + \exp\left[-\gamma\left(q_{it} - c\right)\right]\right\}^{-1} \qquad (5-15)$$

若 $\gamma > 0$，当转换函数 $g_1\left(q_{it}; \gamma, c\right) = 0$ 时，模型（5-13）为低体制，当 $g_1\left(q_{it}; \gamma, c\right) = 1$ 时，模型（5-13）为高体制。转换函数值在 0 和 1 之间平滑转换时，模型则在两种体制之间平滑转换。如 $\gamma \rightarrow +\infty$，则 PSTR 模型转化为 PTR 模型；如 $q_{it} = c$ 或 $\gamma \rightarrow 0$，

则 $g_1(q_{it};\gamma,c) = 0.5$，PSTR 模型退化为线性固定效应模型。

当 $m = 2$ 时，转换函数含有两个位置参数，此时转换函数为：

$$g_2(q_{it};\gamma,c_1,c_2) = \{1 + \exp[-\gamma(q_{it} - c_1)(q_{it} - c_2)]\}^{-1} \qquad (5-16)$$

$g_2(q_{it};\gamma,c_1,c_2) = 1$ 时，模型处于外体制，当 $q_{it} = (c_1 + c_2)/2$ 时，转换函数取最小值，此时对应的体制为中间体制。

二　模型的设定与变量选择

本书所设计的 PSTR 模型的被解释变量分别为五个经济增长源泉变量，所采用的解释变量和动态面板数据模型一样，共九个。参考涂正革（2008）和贺胜兵（2009）的研究，本书拟选择解释变量中的所有制结构和规模结构作为转换变量，模型如下：

$$Y_{it} = \mu_i + Z_1 + g(q_{it};\gamma,c)Z_2 \qquad (5-17)$$

$$Z_1 = \beta_{11}RD + \beta_{21}FDI + \beta_{31}SE + \beta_{41}EI + \beta_{51}PTI + \beta_{61}INF + \beta_{71}OPE + \beta_{81}OWN + \beta_{91}SCA$$
$$(5-18)$$

$$Z_2 = \beta_{12}RD + \beta_{22}FDI + \beta_{32}SE + \beta_{42}EI + \beta_{52}PTI + \beta_{62}INF + \beta_{72}OPE + \beta_{82}OWN + \beta_{92}SCA$$
$$(5-19)$$

三　模型的非线性检验

在对模型进行估计之前，需要对其进行截面异质性检验，即检验各影响因素对经济增长源泉是否具有非线性关系，然后根据检验结果确定面板平滑转换模型的具体形式。首先需要对模型进行线性检验，即对零假设 $H_0:r = 0$（模型为线性模型）和备择假设 $H_1:r = 1$（模型为非线性模型）进行检验，检验所使用的统计量为 LM、LMF 和 LRT。表 $5-4$ 中的线性检验结果表明，LM、LMF 和 LRT 统计量均显著地拒绝了各影响因素与经济增长源泉之间具有线性关系的假说，即它们之间存在显著的非线性关系，采用面板平滑转换模型是合适的。在线性检验的基础上，还需要进一步进行剩余非线性检验，以确定模型中转换函数的个数，即采用统计量 LM、LMF 和 LRT 对 $H_0:r=1$ 与 $H_1:r=2$ 进行检验。根据表 5-4 中"剩余非线性检验"的 LM、LMF 和 LRT 统计量的取值及相应的 P 值，可以断定在两个不同转换变量的 PSTR 模型中，转换函数的最优个数均为 1，即相应的面板平滑转换模型均为两体制模型。

表 5-4 模型的非线性检验

转换变量	模型	线性检验 ($H_0:r=0$；$H_1:r=1$)			剩余非线性检验 ($H_0:r=1$；$H_1:r=2$)		
		LM	LMF	LRT	LM	LMF	LRT
所有制结构	(A)	65.835 (0.000)	7.921 (0.000)	72.109 (0.000)	42.155 (0.064)	4.484 (0.052)	44.612 (0.011)
	(B)	49.959 (0.000)	5.730 (0.000)	53.462 (0.000)	11.661 (0.233)	1.140 (0.333)	11.839 (0.223)
	(C)	68.419 (0.000)	8.298 (0.000)	75.230 (0.000)	28.778 (0.010))	2.948 (0.020)	29.895 (0.000)
	(D)	90.361 (0.000)	11.761 (0.000)	102.792 (0.000)	24.555 (0.045)	2.486 (0.017)	25.362 (0.003)
	(E)	71.971 (0.000)	8.826 (0.000)	79.562 (0.000)	39.503 (0.057)	4.170 (0.066)	41.650 (0.000)
规模结构	(A)	27.384 (0.000)	2.945 (0.000)	28.393 (0.000)	28.022 (0.062)	2.864 (0.030)	29.079 (0.001)
	(B)	36.753 (0.000)	4.058 (0.000)	38.602 (0.000)	17.514 (0.041)	1.740 (0.079)	17.919 (0.036)
	(C)	33.839 (0.000)	3.705 (0.000)	35.398 (0.000)	15.035 (0.090)	1.484 (0.153)	15.333 (0.082)
	(D)	75.748 (0.000)	9.401 (0.000)	84.221 (0.000)	24.769 (0.030)	2.509 (0.090)	25.591 (0.002)
	(E)	52.265 (0.000)	6.035 (0.000)	56.115 (0.000)	13.040 (0.161)	1.280 (0.247)	13.263 (0.151)

注：表中模型（A）、模型（B）、模型（C）、模型（D）、模型（E）分别表示以环境技术进步、环境技术效率、环境管制、产业环境结构和要素投入五种增长源泉为被解释变量的模型；括号内数值为相应参数的 P 值。

四 模型估计结果分析

利用上述方法，分别以所有制结构和规模结构为转换变量对面板平滑转换模型进行了估计。在估计中发现，当转换变量为规模结构时，运算中出现了奇异矩阵和矩阵不满秩的情况，以至模型参数无法得出。这可能是规模结构不能把模型区分为不同体制，从而导致模型出现严重多重共线性问题所致。为此，这里只选择以所有制结构为转换变量进行面板平滑转换模型的估计，估计结果如表 5 - 5 所示。

表 5 - 5 PSTR 模型估计结果

项目	变量	模型（A）	模型（B）	模型（C）	模型（D）	模型（E）
线性部分估计结果	RD	- 32.845 （- 0.796）	15.202 *** （5.797）	4.047 （0.669）	13.749 *** （3.692）	10.165 （0.721）
	FDI	- 34.198 *** （- 3.711）	- 0.232 （- 0.325）	0.767 （1.038）	- 4.518 *** （- 4.918）	22.199 *** （5.083）
	SE	- 9.950 *** （- 5.814）	- 0.370 （- 1.471）	0.673 *** （2.809）	- 1.061 *** （- 3.988）	3.818 *** （3.018）
	EI	3.751 *** （6.329）	0.017 （0.449）	0.210 *** （3.348）	0.034 （0.795）	0.033 （0.224）
	PTI	- 478.424 *** （- 2.955）	- 27.016 （- 1.398）	- 18.044 （- 0.950）	15.524 （0.817）	- 81.457 （- 0.836）
	INF	2.623 *** （4.299）	- 0.055 （- 0.959）	- 0.152 *** （- 2.754）	0.149 * （1.724）	- 0.724 * （- 1.840）
	OPE	4.479 *** （7.242）	- 0.071 （- 1.232）	- 0.086 （- 1.568）	0.218 ** （2.562）	- 1.326 *** （- 3.828）
	OWN	- 24.127 *** （- 6.442）	- 0.410 ** （- 2.197）	- 0.077 （- 0.314）	- 0.269 （- 1.189）	6.061 *** （5.881）
	SCA	- 1.007 （- 0.877）	0.354 *** （2.734）	0.303 ** （2.022）	- 0.140 （- 1.077）	0.343 （0.401）

续表

项目	变量	模型（A）	模型（B）	模型（C）	模型（D）	模型（E）
非线性部分估计结果	RD	40.246 ** (2.847)	− 18.683 *** （− 3.355）	3.113 (0.480)	8.467 (0.531)	− 84.209 ** （− 2.479）
	FDI	38.609 *** (3.439)	4.709 *** (2.871)	6.205 *** (2.782)	− 7.895 * （− 1.822）	23.447 ** (2.122)
	SE	11.784 *** (5.427)	0.107 (0.249)	0.478 (1.188)	3.003 *** (3.180)	− 11.691 *** （− 4.763）
	EI	− 4.318 *** （− 6.623）	− 0.193 *** （− 3.101）	− 0.187 *** （− 2.721）	− 0.214 （− 1.587）	− 0.988 *** （− 2.803）
	PTI	467.051 *** (2.626)	55.385 ** (1.978)	− 6.878 （− 0.245）	− 47.352 （− 0.998）	347.581 ** (2.447)
	INF	− 2.947 *** （− 4.276）	0.264 * (1.791)	0.047 (0.502)	− 1.505 *** （− 3.314）	2.068 ** (2.557)
	OPE	− 4.477 *** （− 5.867）	− 0.214 ** （− 2.021）	0.029 (0.502)	− 1.634 *** （− 6.433）	1.407 ** (2.141)
	OWN	21.202 *** (6.152)	− 0.363 （− 0.997）	− 0.844 ** （− 2.153）	− 6.660 *** （− 7.891）	8.902 *** (4.266)
	SCA	1.619 (1.120)	0.406 (1.269)	0.281 (1.002)	5.848 *** (6.831)	− 5.467 *** （− 2.656）
位置参数	c	0.124	0.567	0.448	0.687	0.582
转换速度参数	γ	5.601	32.382	14102	10.429	14.963

注：表中模型（A）、模型（B）、模型（C）、模型（D）、模型（E）分别表示以环境技术进步、环境技术效率、环境管制、产业环境结构和要素投入五种增长源泉为被解释变量的模型；*、**、*** 分别表示在10%、5%、1%水平上显著；括号内数值为相应参数的 t 值。

表5－5和图5－1至图5－5结果表明，多数变量在统计上是显著的，并且所有的模型都仅有一个转换函数，对应一个位置参数，因而所有的模型都是两体制模型。由模型（A）的结果可以看到，$\beta_{11} + \beta_{12} > 0$，这说明所有制结构和技术创新能力与环境技术进

步呈现弹性正相关，这意味着在其他条件不变时，所有制结构值较高的地区，技术创新能力对环境全要素生产率的促进效应更为明显。表5-5显示，所有制结构在模型（A）中存在单门槛，其值为0.124。当地区所有制结构值小于门槛值时，技术创新能力对环境技术进步有不显著的抑制作用；超过门槛值后，技术创新能力对环境技术进步的抑制作用就会减弱，最终变为促进作用。由表5-5和图5-1可以看到，模型（A）的转换速度参数γ为5.601，比较小，说明转换函数将随着所有制结构值的提高呈现平稳渐进式变化过程。由图5-1可以看到，随着转换变量所有制结构值的变化，技术创新能力的环境技术进步弹性将在高低体制间平滑转换，一旦所有制结构值超过门槛值，模型将趋于高体制，技术创新能力的环境技术进步弹性将稳定在7.401左右。此外，模型（A）的390个观测值均高于门槛值，这说明相关变量对环境技术进步的影响主要反映在非线性估计参数上。

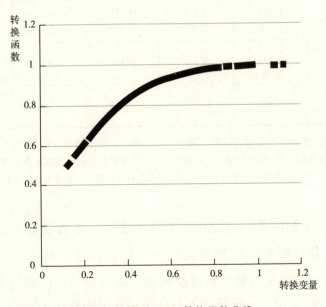

图5-1 模型（A）转换函数曲线

由表 5 - 5 还可以看到，外商直接投资水平和经济结构对环境技术进步的影响比较相似，即线性回归的参数值均显著为负，而非线性回归的参数值均显著为正。而它们相应的参数和分别为 β_{21} + β_{22} = 4.411 > 0、β_{31} + β_{32} = 1.834 > 0，这说明 FDI 水平、经济结构与环境技术进步正相关。随着国有企业产值比重的提高，外商直接投资水平和经济结构对环境技术进步的反向影响会减弱，并通过平滑转换函数的作用分别从 - 34.198、- 9.950 最终转变为 4.411 和 1.834。能源强度和基础设施水平对环境技术进步的影响与外商直接投资水平和经济结构的影响效应恰好相反。这说明能源强度和基础设施水平与环境技术进步负相关，随着国有企业产值比重的提高，能源强度和基础设施水平对环境技术进步的正向影响会减弱，并通过平滑转换函数的作用最终转变为负值。

污染治理强度和所有制结构对环境技术进步的反向影响会通过国有企业产值比重的提高有所减弱，而对外开放水平对环境技术进步的正向影响也会通过国有企业产值比重的提高有所减弱。表 5 - 5 显示，规模结构的线性和非线性回归参数均不显著，这说明中国省区规模结构和环境全要素生产率之间并没有密切关系。

下面对环境技术效率影响因素即模型（B）的回归结果进行分析。由表 5 - 5 结果可知，使模型（B）发生非线性转换的位置参数为 0.567，模型（B）位于低体制和高体制的观测值个数分别为 274 个和 116 个，所占比例分别为 70% 和 30%，大多数观测值位于低体制。模型（B）的平滑转换速度参数为 32.382，转换速度较快，具体转换过程如图 5 - 2 所示。模型（B）中各因素对环境技术效率的影响因所有制结构的变化而呈现出各种变化。为了便于分析，下面将具有类似转换过程的影响因素一并描述。当所有制结构处于低体制下，技术创新能力和能源强度的提高对环境技术效率的影响系数分别为 15. 202 和 0. 017，只是前者显著，后者不显著；当所有制结构处于高体制状态下，技术创新能力和能源强度对环境技术效率的影响系数分别转变为 - 3. 481 和 - 0. 176，并且均在 1% 水平上显著。当所有制结构处于低体制下，FDI、污染治理强度以及基础设施水平对环境技术效率均具有不显著的反向影响；而在高体制下，三者对环境技术效率均具有显著正向影响。对外开放水平和所有制结构在两种体制下均对环境技术效率产生反向影响，前者仅在高体制下显著，后者仅在低体制下显著。规模结构在两体制下对环境技术效率均产生正向作用，只是其正向作用仅在低体制下显著。经济结构对环境技术效率的影响在两体制下均不显著。

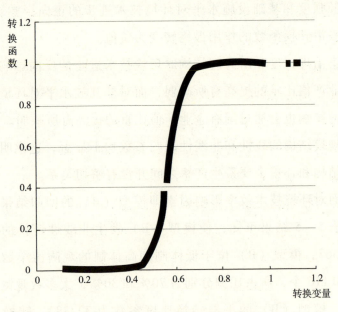

图 5 - 2　模型（B）转换函数曲线

就模型（C）回归结果来看，使模型（C）发生非线性转换的位置参数为 0. 448，模型（C）位于低体制和高体制的观测值个数分别为 184 个和 206 个，所占比例分别为 47% 和 53%，大多数观测值位于高体制。模型（C）的平滑转换速度参数为 14102，转换速度非常快，转换函数值在位置参数 0.448 处发生了突变，此时平滑转换模型变成面板门限回归模型，具体情况如图 5 – 3 所示。模型（C）结果显示，FDI、经济结构和规模结构在两体制下均对环境管制的产出效应产生促进作用，只是 FDI 的促进作用仅在高体制下显著，经济结构和规模结构的促进作用仅在低体制下显著。能源强度在低体制下对环境管制的产出效应具有显著促进作用，随着所有制结构变量取值超过位置参数，其对环境管制产出效应的促进作用会显著减弱，并最终维持在较低的正向水平上。基础设施水平和所有制结构在两体制下均对环境管制的产出效应产生反向影响，只是基础设施水平在低体制下会对环境管制的产出效应产生显著反向影响，而所有制结构在高体制下会对环境管制的产出效应产生显著反向影响。技术创新能力、环境污染治理强度和对外开放对环境管制产出效应的影响在两体制下均不显著。

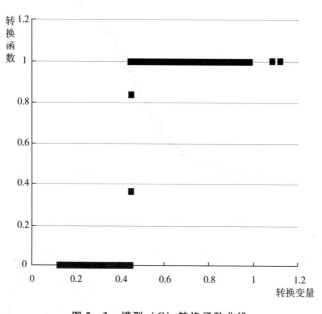

图 5 – 3　模型（C）转换函数曲线

模型（D）结果显示，其发生非线性转换的位置参数为 0.687，模型（D）位于低体制和高体制的观测值个数分别为 337 个和 53 个，所占比例分别为 86% 和 14%，大多数观测值位于低体制。模型（D）的平滑转换速度参数为 10.429，转换速度较快，其转换函数如图 5-4 所示。在低体制下，模型（D）中的技术创新能力、基础设施水平和对外开放水平对产业环境结构改善会产生显著促进作用，而 FDI、经济结构对产业环境结构改善会产生显著抑制作用，其他变量在低体制下对产业环境结构改善影响不显著。在高体制状态下，FDI、基础设施水平、对外开放水平和所有制结构均对产业环境结构改善起到抑制作用，而经济结构和规模结构均对产业环境结构改善起到促进作用，其他变量对产业环境结构的改善作用不明显。

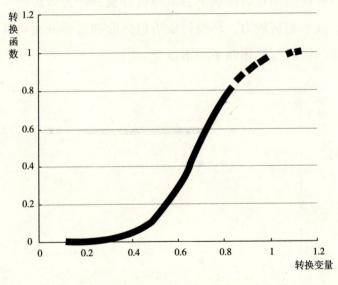

图 5-4　模型（D）转换函数曲线

由模型（E）结果可以观察到，其发生非线性转换的位置参数为 0.582，模型（E）位于低体制和高体制的观测值个数分别为 280 个和 110 个，所占比例分别为 72% 和 28%，大多数观测值位于低体制。模型（E）的平滑转换速度参数为 14.963，转换速度快于模型（D），其转换函数如图 5 - 5 所示。在低体制下，模型（E）中的 FDI、经济结构和所有制结构对要素投入的增长有显著促进作用，而基础设施水平和对外开放水平则对要素投入的增长有显著抑制作用，其他变量对要素投入影响不显著。在高体制下，模型（E）中的 FDI、环境污染治理强度、基础设施水平、对外开放水平和所有制结构对要素投入的增长具有明显促进作用，而技术创新能力、经济结构、能源强度及规模结构均对要素投入的增长具有明显的抑制作用。

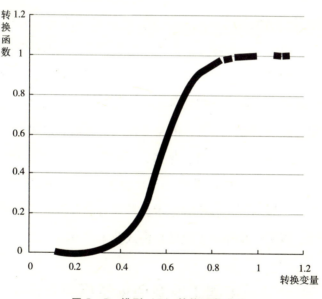

图 5 - 5　模型（E）转换函数曲线

第六章
绿色化发展绩效的案例分析
——以工业为例

当前中国经济发展已步入新常态，地区发展所面临的任务以及承受的资源环境压力也越来越大。如何适应新常态、把握新常态，走出一条适合本地区的经济转型发展之路，是各地区当前和今后一段时期必须解决的重大课题。工业在支撑地区经济发展，促进信息化、城镇化乃至农业现代化方面均具有不可替代的重要作用。因而，要加快地区经济发展就必须加快工业发展，并将工业化、城镇化与推进农业现代化结合起来，努力促进"三化"协调发展。本章将以全国、河南省及安阳市三个区域的工业发展为例，利用绿色增长核算方法分析地区工业增长源泉与增长绩效，以进一步探讨工业增长模式及未来发展道路。

第一节　中国工业绿色化发展绩效评价

一　工业绿色化发展绩效计量方法与模型

（一）基于 SBM 方向性距离函数的 ML 生产率指数测算方法

假设每一个决策单元（省份）使用 N 种投入 $x = (x_1, \cdots, x_N)$

$\in R_+^N$，得到 M 种 "好" 产出 $y = (y_1, \cdots, y_N) \in R_+^M$，以及 I 种 "坏" 产出 $b = (b_1, \cdots, b_I) \in R_+^I$，在环境生产技术 DEA 表达的基础上，借鉴 Tong（2001）的思路，在可变规模报酬（VRS）条件下，可以构建如下考虑环境因素的非径向、非角度 SBM 方向性距离函数：

$$S_v^t(x^{tk'}, y^{tk'}, b^{tk'}, g^x, g^y, g^b) = \max_{s^x, s^y, s^b} \frac{\frac{1}{N}\sum_{n=1}^N \frac{s_n^x}{g_n^x} + \frac{1}{M+I}\left[\sum_{m=1}^M \frac{s_m^y}{g_m^y} + \sum_{i=1}^I \frac{s_i^b}{g_i^b}\right]}{2}$$

$$\text{s.t. } \sum_{k=1}^K z_k^t x_{kn}^t + s_n^x = x_{k'n}^t; \sum_{k=1}^K z_k^t y_{km}^t - s_m^y = y_{k'm}^t; \sum_{k=1}^K z_k^t b_{ki}^t + s_i^b = b_{k'i}^t$$

$$\sum_{k=1}^K z_k^t = 1, z_k^t \geq 0; s_n^x \geq 0; s_m^y \geq 0; s_i^b \geq 0 \qquad (6-1)$$

$(x^{tk'}, y^{tk'}, b^{tk'})$ 为 k' 地区的投入产出向量，(g^x, g^y, g^b) 表示投入和非期望产出压缩、期望产出扩张的取值为正的方向向量，(s_n^x, s_m^y, s_i^b) 为投入产出松弛向量，z_k^t 为横截面观察值的权重。仿照利用几何平均法求解 Malmquist 指数的思路，可以构造如下基于非径向、非角度 SBM 方向性距离函数的 ML 生产率指数：

$$M(x^{t+1}, y^{t+1}, b^{t+1}; x^t, y^t, b^t) = \left[\frac{\overrightarrow{S^t}(x^{t+1}, y^{t+1}, b^{t+1})}{\overrightarrow{S^t}(x^t, y^t, b^t)} \times \frac{\overrightarrow{S^{t+1}}(x^{t+1}, y^{t+1}, b^{t+1})}{\overrightarrow{S^{t+1}}(x^t, y^t, b^t)}\right]^{1/2}$$

$$= \frac{\overrightarrow{S^{t+1}}(x^{t+1}, y^{t+1}, b^{t+1})}{\overrightarrow{S^t}(x^t, y^t, b^t)} \times \left[\frac{\overrightarrow{S^t}(x^{t+1}, y^{t+1}, b^{t+1})}{\overrightarrow{S^{t+1}}(x^{t+1}, y^{t+1}, b^{t+1})} \times \frac{\overrightarrow{S^t}(x^t, y^t, b^t)}{\overrightarrow{S^{t+1}}(x^t, y^t, b^t)}\right]^{1/2} = TE \times TP$$

$$(6-2)$$

由式（6-2）可以看到，ML 生产率指数还可以分解为环境技术效率和环境技术进步，这里只需要根据 ML 生产率指数计算出各省区历年的环境全要素生产率增长率即可。

（二）经济增长的三重分解模型

借鉴 Henderson 和 Russell（2005）的方法，若产出为 Y，投入

为物质资本 K、劳动力 L 及能源消耗 E 三种[①]，则可以将劳动生产率增长进行如下三重分解：

$$\frac{y_{t+1}}{y_t} = TE \times [TP^t \times TP^{t+1}]^{1/2} \times [KC^t \times KC^{t+1}]^{1/2}$$

$$= TE \times TP \times KC \qquad\qquad (6-3)$$

其中，t 和 $t+1$ 为时期，y 为劳动生产率，TE、TP 和 KC 分别代表在时期 t 和 $t+1$ 之间，考虑多投入、多产出和技术效率差异情况下，由环境技术效率改善、环境技术进步和资本深化所引致的劳动生产率变化。TE 和 TP 之积为环境全要素生产率所引致的劳动生产率变化。

二 对中国省区工业生产效率的经验分析

（一）样本及相关数据说明

分析时段为 2003~2012 年，分析对象为中国大陆 30 个省区，由于西藏自治区部分年份相关数据缺失，未将其包括在内。模型涉及的变量及相关数据来源包括：各省区期望产出为工业增加值，非期望产出用工业废水排放量、工业 SO_2 排放量及工业固体废物产生量等指标表示。投入因素为物质资本存量 K、劳动力 L 和能源消耗 E。其中，物质资本存量采用工业固定资产净值年平均余额，劳动力采用工业从业人员数，能源消耗用工业单位 GDP 能耗度量。相关数据来源于历年《中国统计年鉴》、《中国环境统计年鉴》及《中国工业经济统计年鉴》，并以 2003 年为基期对各年工业增加值和固定资产净值年平均余额进行了平减。本节拟选取六个主要变量

[①] 非期望产出和能源消耗体现在 ML 生产率指数的计算与分解中。

进行全要素生产率影响因素分析，相关数据均来自历年《中国统计年鉴》及《中国工业经济统计年鉴》，相关变量及其度量方法如表6-1所示。

表6-1 工业全要素生产率影响因素及其度量方法

变量	度量方法
R&D 投入强度（rdint）	研发投入与当年 GDP 比值
外资依存度（fcdep）	实际利用外商直接投资额（FDI）与当年 GDP 的比值
外贸依存度（ftdep）	进出口贸易总额与当年 GDP 的比值
工业结构（instr）	规模以上工业总产值与 GDP 的比值
所有制结构（stown）	国有单位职工数与全部职工数的比值
工业污染治理强度（gipol）	工业污染治理投资总额与 GDP 的比值

（二）中国省区工业全要素生产率分析

为研究中国省区工业生产率的状况并探究其成因，利用 MATLAB 软件对中国 30 个省区考虑能源投入和环境污染前后的 Malmquist 指数、技术效率指数及技术进步指数进行了测算，结果见表6-2。

表6-2 2003～2012 年中国省区平均 Malmquist 指数及其构成估算结果

地区	Malmquist 指数	环境 Malmquist 指数	技术效率指数	环境技术效率指数	技术进步指数	环境技术进步指数
北京	1.068	1.099	0.950	0.972	1.125	1.131
天津	1.120	1.105	1.009	1.018	1.111	1.086
河北	1.132	1.092	1.015	1.008	1.115	1.083
上海	1.069	1.054	0.958	0.983	1.116	1.072
江苏	1.042	1.044	0.943	0.998	1.105	1.046
浙江	1.047	1.051	0.973	1.010	1.076	1.041
福建	1.079	1.041	1.002	1.008	1.077	1.033
山东	1.060	1.053	0.958	0.975	1.107	1.080

地区	Malmquist 指数	环境 Malmquist 指数	技术效率指数	环境技术效率指数	技术进步指数	环境技术进步指数
广东	1.052	1.062	0.977	1.000	1.076	1.062
海南	1.164	1.144	1.011	1.025	1.152	1.116
辽宁	1.142	1.117	1.033	1.015	1.105	1.101
吉林	1.140	1.136	1.025	1.031	1.112	1.101
黑龙江	1.126	1.118	1.021	1.017	1.104	1.100
山西	1.142	1.057	1.026	1.003	1.113	1.054
安徽	1.131	1.106	1.012	1.013	1.117	1.092
江西	1.149	0.996	1.053	1.000	1.091	0.996
河南	1.111	1.073	1.007	1.006	1.103	1.067
湖北	1.166	1.143	1.040	1.029	1.121	1.110
湖南	1.134	1.051	1.027	0.996	1.104	1.055
内蒙古	1.230	1.070	1.066	1.000	1.155	1.070
广西	1.182	0.927	1.062	1.000	1.113	0.927
重庆	1.163	0.997	1.057	1.000	1.100	0.997
四川	1.142	1.073	1.022	1.000	1.117	1.072
贵州	1.111	0.992	0.996	1.000	1.116	0.992
云南	1.087	1.092	0.973	1.000	1.118	1.092
陕西	1.171	1.081	1.048	1.022	1.117	1.057
甘肃	1.144	1.074	1.029	1.042	1.112	1.031
青海	1.267	1.310	1.052	1.067	1.204	1.227
宁夏	1.138	0.958	1.013	1.027	1.123	0.933
新疆	1.154	1.119	0.979	1.000	1.179	1.119
东部地区	1.083	1.075	0.980	1.000	1.106	1.075
东北地区	1.136	1.124	1.026	1.021	1.107	1.101
中部地区	1.139	1.071	1.028	1.008	1.108	1.062
西部地区	1.163	1.063	1.027	1.014	1.132	1.047
全国平均	1.128	1.073	1.011	1.009	1.116	1.063

表 6 - 2 给出了 2003 ~ 2012 年中国各地区平均 Malmquist 指数及其构成的估算结果。中国省区的各项传统和绿色指标值均实现了增长。从地区来看，在不考虑能源投入和环境污染时，西部地区的全要素生产率增长最快，平均为 16.3%；其次是中部和东北地区，分别平均增长 13.9% 和 13.6%，而东部地区的全要素生产率增长最慢，平均为 8.3%，且该地区的全要素生产率增长均主要由技术进步推动。在考虑能源投入和环境污染时，四大区域的 Malmquist 指数均出现不同程度的下降。其中，西部地区全要素生产率增长率下降了 10 个百分点，降幅最大；其次是中部和东北地区，分别下降了 6.8 个百分点和 1.2 个百分点；而东部地区降幅最小，仅下降 0.8 个百分点。东北地区的环境全要素生产率增长最快，平均增长 12.4%；其次是东部地区，平均增长 7.5%；中部和西部地区增长相对较慢，分别平均增长 7.1% 和 6.3%。由此可见，环境污染对中国省区工业效率具有显著的负面影响，在测算地区工业全要素生产率时必须考虑环境因素，这样才能客观、准确地进行相关测算，否则将高估地区的工业全要素生产率，从而得出误导性结论。从具体省区来看，东部的海南、天津、北京的环境全要素生产率增长较快，增长率分别为 14.4%、10.5% 和 9.9%；而福建、江苏和浙江增长则相对较慢，增长率分别为 4.1%、4.4% 和 5.1%。在东北地区，吉林的环境全要素生产率增长最快，为 13.6%；而辽宁和黑龙江大体相当，分别为 11.7% 和 11.8%。在中部地区，除了江西的环境全要素生产率下降了 0.4% 外，其他省区均实现了增长。其中增长较快的是湖北和安徽，分别增长了 14.3% 和 10.6%。西部地区的环境全要素生产率增长差异较大，其中广西、重庆、贵州、宁夏的环境全要素生产率出现下降，降幅分别 7.3%、0.3%、0.8% 和 4.2%；而其他省

区均实现了增长，其中青海和新疆增长较快，增长率分别为31%和11.9%。

就环境全要素生产率构成来看，四大区域中除了东部地区的环境技术效率指数高于其传统值外，各地区相应指标均低于传统值。从环境技术效率来看，东部的北京、上海、江苏、山东和中部的湖北环境技术效率均出现恶化，其恶化程度分别为2.8%、1.7%、0.2%、2.5%和0.4%，反映出上述地区环境友好型技术的利用效率并不高。东部地区的广东，中部地区的江西，西部地区的内蒙古、广西、重庆、四川、贵州、云南和新疆的环境技术效率指数均为1，说明在考察期内这些地区的环境技术效率基本上维持在原来水平。除此之外，其他省区的环境技术效率均实现了不同程度的增长，说明这些地区已开始重视环境因素给工业发展带来的负面影响，生产的环境技术效率在不断改善。从环境技术进步来看，江西、广西、重庆、贵州和宁夏等中西部地区的环境技术进步指数均小于1，说明这些地区出现了技术边界"内陷"的状况。这可能是由近年来物价的高企使部分企业生产成本上升，企业转而采用技术相对落后、污染较为严重的低廉设备并大幅缩减治污支出所致。除此之外，其他省区环境技术进步指数均大于1，说明这些地区在工业生产中采用节能环保、高效的先进技术设备方面已迈出实质性步伐。

（三）中国省区工业增长效率评价

依据基于SBM方向性距离函数的DEA与ML指数方法计算，利用式（6-3）对中国各地区的工业经济增长进行三重分解，结果见表6-3和图6-1。

表 6 - 3　中国各地区工业增长的三重分解结果（2003～2012 年年均变化率）

地区	工业劳动生产率	环境全要素生产率	环境技术效率	环境技术进步	资本深化
北京	0.126	0.094	- 0.028	0.123	0.032
天津	0.185	0.100	0.018	0.083	0.085
河北	0.222	0.088	0.008	0.080	0.134
上海	0.096	0.053	- 0.017	0.070	0.043
江苏	0.121	0.043	- 0.002	0.045	0.078
浙江	0.155	0.050	0.010	0.040	0.105
福建	0.143	0.040	0.008	0.032	0.103
山东	0.153	0.052	- 0.025	0.077	0.101
广东	0.104	0.060	0.000	0.060	0.044
海南	0.225	0.135	0.025	0.110	0.090
辽宁	0.192	0.111	0.015	0.096	0.081
吉林	0.203	0.128	0.031	0.096	0.075
黑龙江	0.192	0.112	0.017	0.095	0.080
山西	0.241	0.055	0.003	0.053	0.186
安徽	0.207	0.101	0.013	0.088	0.106
江西	0.244	- 0.004	0.000	- 0.004	0.248
河南	0.212	0.070	0.006	0.065	0.142
湖北	0.205	0.134	0.029	0.104	0.071
湖南	0.223	0.050	- 0.004	0.054	0.173
内蒙古	0.297	0.068	0.000	0.068	0.229
广西	0.254	- 0.076	0.000	- 0.076	0.330
重庆	0.253	- 0.003	0.000	- 0.003	0.256
四川	0.201	0.070	0.000	0.070	0.131
贵州	0.193	- 0.008	0.000	- 0.008	0.201
云南	0.144	0.088	0.000	0.088	0.056
陕西	0.257	0.078	0.022	0.055	0.179
甘肃	0.263	0.071	0.041	0.031	0.192
青海	0.268	0.270	0.065	0.205	- 0.002
宁夏	0.243	- 0.043	0.027	- 0.069	0.286
新疆	0.181	0.112	0.000	0.112	0.069

续表

地区	工业劳动生产率	环境全要素生产率	环境技术效率	环境技术进步	资本深化
东部地区	0.153	0.072	0.000	0.072	0.081
东北地区	0.196	0.117	0.021	0.096	0.079
中部地区	0.222	0.069	0.008	0.060	0.153
西部地区	0.232	0.061	0.014	0.046	0.171
全国平均	0.200	0.070	0.009	0.061	0.130

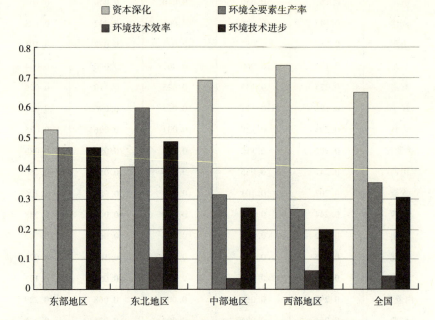

图 6 - 1　工业增长源泉对中国地区工业产出的贡献

由表 6 - 3 可以看到，2003～2012 年中国各地区的工业劳动生产率均实现了较大幅度增长，平均增长率达到 20%。其中，西部地区和中部地区劳动生产率增长较快，增长率分别达到了 23.2%、22.2%；其次是东北地区，劳动生产率增长率达到 19.6%；最后是东部地区，劳动生产率增长率为 15.3%。由此可见，在考察期内中部和西部地区的工业发展速度明显加快，东部地区领先增长的格局已被逐渐打破。就环境全要素生产率对工业生产的影响来看，东北地区环境全要素生产率引致的工业劳动生产率增长最多，为11.7%；其次是东部地区，为7.2%；再次是中部地区，为6.9%；最低是西部地区，为6.1%。通过进一步分解可以看到，各区域环境全要素生产率对工业产出的贡献主要由环境技术进步推动，其贡献的工业增长率，东北地区为9.6%，东部为7.2%，中部为6%，西部为4.6%。东北、东部、中部和西部四大区域环境技术效率引致的工业增长率分别为2.1%、0、0.8%和1.4%。从省区看，江西、广西、重庆、贵州和宁夏等省区由于环境技术效率没有提高或提高较少，而环境技术进步则出现显著恶化，其环境全要素生产率出现了恶化，从而阻碍了其工业的增长。其他省区如北京、江苏、广东、湖南等尽管环境技术效率没有增长甚至恶化，但其环境技术进步较为显著，从而使其环境全要素生产率引致的工业增长率仍然保持在较高的水平。在全部省区中，环境全要素生产率引致的工业增长率较高的省区有青海（27%）、海南（13.5%）、湖北（13.4%）和吉林（12.8%）。

就投入要素即资本深化来看，其对各地区工业劳动生产率的提高基本上都起到了较显著的促进作用，其引致的省区工业劳动生产率平均增长13%。从四大区域来看，东北和东部地区资本深化所引致的工业增长率较低，分别为7.9%和8.1%，而中部和西部地区的则较高，分别为15.3%和17.1%。从省区来看，北京、上海和广东投入要素所引致的工业增长率在全国范围内都是较低的，分别为3.2%、4.3%和4.4%。这是因为这些地区处于中国改革开放的前沿，市场化程度高，技术创新活跃，经济增长更多地依靠各种非投入要素来拉动。江西、重庆和宁夏等中部与西部地区投入要素所引致的工业增长率较高，分别为24.8%、25.6%和28.6%。这说明尽管近年来中部和西部地区的工业经济增长速度总体上已超越东部地区，但这种增长主要是靠投入要素来拉动的，经济增长的质量和效益并不高。青海的资本深化所引致的工业产出增长率为−0.2%，即投入要素导致工业增长退步，这可能是因为该地区资本劳动配置比例失当而导致的产出效率下降。

通过表6−3和图6−1总体比较环境全要素生产率和投入要素对工业产出增长率的贡献可知，中国省区工业经济增长主要靠投入要素推动，其对工业劳动生产率增长的贡献高达65%，而环境全要素生产率的贡献仅为35%，其中环境技术效率贡献4.5%、环境技术进步贡献30.5%。通过比较四大区域数据可知，唯有东北地区的环境全要素生产率对工业产出的贡献超过了投入要素，二者的贡献分别为59.7%和40.3%，而其他地区环境全要素生产率的贡献均低于投入要素。

总体而言，中国省区工业增长基本上还是要素驱动的粗放型增长，环境全要素生产率对工业产出的贡献相对较低。这是造成中国资源消耗过多、环境污染严重的主要原因。为改变这种状况，中国经济必须走转型发展和绿色发展之路。

三 中国省区工业环境全要素生产率影响因素分析

提高环境全要素生产率对于提升经济增长质量，促进地区工业经济的转型发展和可持续发展至关重要。而探讨如何提高工业环境全要素生产率，则必须分析其影响因素。为此，下面拟采用动态空间面板数据模型进行相关计量研究，根据已选定的变量建立如下空间滞后模型（SAR）和空间误差模型（SEM）。

SAR:

$$gtfp_{it} = \rho W gtfp_{it} + \beta_1 rdint_{it} + \beta_2 fcdep_{it} + \beta_3 ftdep_{it} + \beta_4 instr_{it} + \beta_5 stown_{it} + \beta_6 gipol_{it} + \varphi_{it}$$

(6−4)

SEM：

$$gtfp_{it} = \beta_1 rdint_{it} + \beta_2 fcdep_{it} + \beta_3 ftdep_{it} + \beta_4 instr_{it} + \beta_5 stown_{it} + \beta_6 gipol_{it} + \mu_i + \varphi_{it}$$

$$\varphi_{it} = \lambda W \varphi_{it} + \varepsilon_{it}$$

$$(6-5)$$

其中，$gtfp$ 为工业环境全要素生产率，β 为模型的响应参数，ρ、λ 为空间自相关系数，W 为非负空间权重矩阵，φ、μ、ε 为随机扰动项。空间权重矩阵采用经济协动空间权重矩阵进行计算，相关公式已在前文做了介绍，这里不再赘述。

通过计算发现，中国省区工业环境全要素生产率 Moran 指数大于 0，并且其 p 值在 10% 显著性水平上显著。由此可知，中国省区工业环境全要素生产率具有较强的空间正自相关性，因而通过建立空间面板数据模型进行其影响因素分析的做法也是合理的。由于本节分析的对象是除西藏外的所有省区，并对各省区自身效应进行研究，因而这里只考虑采用时间和空间均固定的双向固定效应模型进项相关计算，具体结果如表 6-4 所示。

表 6-4　中国省区工业环境全要素生产率影响因素的空间面板数据模型估计结果

变量	SAR		SEM	
	系数	t 统计量	系数	t 统计量
常数项	0.423	0.635	0.924 ***	15.769
$rdint$	0.068 **	3.127	0.830 ***	13.265
$fcdep$	0.299 *	2.470	0.312 ***	8.040
$ftdep$	2.141 *	2.404	0.006 ***	12.411
$instr$	0.004	0.535	0.058 **	2.906
$stown$	0.084	0.173	0.113	0.256
$gipol$	10.068 ***	14.677	2.350 ***	20.164
ρ	0.784 ***	20.322	—	—
λ	—	—	0.646 ***	16.488
$\bar{R}^2$	0.686		0.801	

注：*、** 和 *** 分别表示在 10%、5% 和 1% 的显著性水平上通过 t 检验。

由表 6-4 可以看到，SAR 和 SEM 模型的调整可决系数都较大，但 SEM 模型的解释力度更大。两模型的空间自相关性系数均为正值，并且均通过了 1% 的显著性检验。这说明中国各省区间的工业环境全要素生产率确实存在正向的空间依赖关系。从各变量的回归系数及其显著性来看，SEM 模型比 SAR 模型的回归效果好，多数变量都通过了显著性检验。具体来看，R&D 投入强度在两种回归结果中对环境全要素生产率均具有显著正向影响。在 SAR 模型中，R&D 投入强度每提高 1%，环境全要素生产率就会增长 0.068%；而在 SEM 模型中，R&D 投入强度每提高 1%，环境全要素生产率会增长 0.830%。这说明增加 R&D 投入能够提高环境全要素生产率。

外资依存度和外贸依存度在两种模型中对环境全要素生产率均具有显著正向影响。这意味着加快发展对外经济有助于中国工业增长质量的提升。在 SAR 模型中，中国省区工业结构和所有制结构对环境全要素生产率均没有显著影响，而在 SEM 模型中仅有工业结构对环境全要素生产率产生显著正向影响。在两个模型中，中国省区工业污染治理强度对环境全要素生产率均具有显著影响，这说明加大环境污染治理力度有助于提高中国工业经济增长效率。

四 中国工业水污染的治理效率

改革开放以来，中国经济发展取得了举世瞩目的成就，但所采取的发展方式依然是粗放型的，经济在实现快速发展的同时，资源浪费和环境污染日趋严重，这使中国面临巨大的资源环境压力，严重地妨碍了经济的可持续发展。工业水污染是环境污染的一个重要表现。近年来频发的工业水污染事件对当地环境和居民身体健康造成了巨大危害，使当地遭受了巨大的经济损失。工业废水的有效治理关系到人民群众的切身利益和中华民族的生存发展，已成为当今社会亟待解决的重大课题。

水污染的治理情况能够很好地反映出地区工业的增长绩效及工业可持续发展水平。

（一）工业水污染治理效率研究现状

中国水污染治理领域的研究主要集中在两个方面，一是水污染治理技术的开发与应用，相关研究如许春莲等（2013），天娇、郭清海（2013），袁峥等（2010）；二是水污染治理体制、机制及对策的研究，相关文献有李胜、陈晓春（2011），周海炜、唐震（2007），高红贵（2006）等。有关水污染治理效率的研究基本上处于起步阶段，国内仅有少数学者对该问题进行了专门研究。褚俊英等（2004）应用数据包络分析方法对中国 81 个污水处理厂的污染治理效率进行了比较研究；陈旭升、范德成（2009）应用数据包络分析模型分析了中国地区工业废水的治理效率及变化趋势。上述研究为工业水污染治理效率的测评提供了很好的借鉴，但其采用传统数据包络分析方法，没有考虑到不同地区间在经济发展水平、产业结构以及发展机遇方面存在的巨大差异，因而未能剔除外部环境因素以及各种随机因素对水污染治理效率的影响，从而会使所求得的效率值产生偏误，无法客观地反映地区水污染治理的真实能力和效率。

三阶段 DEA 模型是一种能够有效排除外部因素影响和统计噪音的效率测评方法，其第一阶段利用传统 DEA 方法计算出初始效率，但该初始效率不能反映出外部环境和统计噪音对决策单元效率的影响，因而还需要在第二阶段继续使用随机前沿方法将外部环境因素、管理无效率及各种随机因素对第一阶段效率变化的影响反映出来。具体做法是根据第二阶段的计算结果来调整决策单元的投入，以排除外部环境和随机因素的影响，使它们处于同质的环境下。在第三阶段利用调整后的投入进行数据包络分析即可得到效率的真实值（白雪洁、宋莹，2009；杨俊、陆宇嘉，2012）。

无论是水污染治理技术设备的开发与应用，还是体制和机制的完善（反映为治污决策和管理水平的提高，即纯技术效率的提高），无疑都会对工业水污染的治理产生积极的作用。但它们产生的效用有多大，效率有多高，还必须有一个准确的评价，以找到水污染治理的不足之处，然后有针对性地提高治污效果。可见对于工业水污染治理效率的准确评价具有非常重要的现实意义，下面拟采用三阶段 DEA 模型，在排除外部环境因素和随机因素干扰的条件下，对中国 2012 年的工业水污染治理效率进行测算和分析。在此基础上，提出相关对策建议，以期为政府部门及环保机构更有效地进行工业水污染的治理提供一些借鉴和参考。

（二）研究方法与数据说明

1. 研究方法

三阶段 DEA 模型是由 Fried et al.（2002）提出的效率评估方法，该方法的优点是能够剔除外部环境因素和随机误差对效率的影响，从而能够测算出决策单元的真实效率水平，其具体步骤如下。

第一阶段：传统的 DEA 模型。该阶段采用投入导向下的 BCC 模型进行传统 DEA 分析。假设有 n 个决策单元（DMU），每个决策单元（DMU_j）都有 m 种输入和 s 种输出。其中，$x_j = (x_{1j}, x_{2j}, \cdots, x_{mj})^T$，$y_j = (y_{1j}, y_{2j}, \cdots, y_{sj})^T$，$x_{ij} > 0$ 为第 j 个决策单元 DMU_j 的第 i 种输入类型的输入量；$y_{rj} > 0$ 表示 DMU_j 的第 r 种输出类型的输出量（$j = 1, 2, \cdots, n; i = 1, 2, \cdots, m; r = 1, 2, \cdots, s$）。$x_0 = x_{j0}$，$y_0 = y_{j0}$ 分别为决策单元 DMU_{j0} 的输入和输出。对于选定的 DMU_{j0}，判断其有效性的 BCC

模型可以表示为：

$$\min\left[\theta - \varepsilon\left(\sum_{i=1}^{m} s_i^- + \sum_{r=1}^{s} s_r^+\right)\right]$$

$$\text{s. t.} \sum_{j=1}^{n} \lambda_j x_{ij} + s_i^- = \theta x_{i0} \quad i = 1, 2, \cdots, m$$

$$\sum_{j=1}^{n} \lambda_j y_{rj} - s_r^+ = y_{r0} \quad r = 1, 2, \cdots, s \tag{6-6}$$

$$\sum_{j=1}^{n} \lambda_j = 1$$

$$\lambda_j \geq 0, \ j = 1, 2, \cdots, n; \ s_i^- \geq 0, \ s_r^+ \geq 0$$

其中，s_i^- 和 s_r^+ 分别为剩余变量和松弛变量，ε 为非阿基米德无穷小量，一般取 $\varepsilon = 10^{-6}$，θ 为该决策单元 DMU_{j0} 的有效值。由 BCC 模型计算出的技术效率值 TE 可以进一步分解为纯技术效率 PTE 和规模效率 SE，三个变量之间的关系为 $TE = PTE \times SE$。

第二阶段：相似 SFA 模型。Fried et al.（2002）认为，传统 DEA 模型无法识别第一阶段出现的低效率是由管理因素造成，还是由环境因素或随机因素造成。解决这一问题的办法是，在第二阶段通过构建相似 SFA 模型来剥离外部环境因素及随机误差的影响，得到完全由管理无效率造成的投入冗余值。以投入导向为例，设有 I 个决策单元，每个决策单元均有 K 种投入，则第 i 个决策单元的第 k 个投入松弛变量 S_{ki} 的 SFA 回归方程为：

$$S_{ki} = f^k(z_i, \beta^k) + v_{ki} + u_{ki} \quad k = 1, 2, \cdots, K; i = 1, 2, \cdots, I \tag{6-7}$$

其中，$z_i = (z_{1i}, z_{2i}, \cdots, z_{pi})$ 为 p 个可观测的环境变量，β^k 为环境变量待估参数向量，$f^k(z_i, \beta^k)$ 为确定可能差额边界，通常取 $f^k(z_i, \beta^k) = z_i \beta^k$。$v_{ki} + u_{ki}$ 为混合误差项，其中 v_{ki} 为随机误差项，并且 $v_{ki} \sim N(0, \sigma_{vk})$，$u_{ki}$ 为管理无效率，并且 $u_{ki} \sim N^+(\mu_u, \sigma_{uk})$，两者相

互独立。$\gamma = \sigma_{uk}^2/(\sigma_{uk}^2 + \sigma_{vk}^2)$ 为技术无效率方差占总方差的比重。

为了得到决策单元的效率真实值,必须剔除各种外界因素和随机因素的干扰,将各决策单元的投入置于同质环境下。为此,必须对投入数量做如下调整:

$$x_{ki}^* = x_{ki} + [\max(z_i\hat{\beta}^k) - z_i\hat{\beta}^k] + [\max(\hat{v}_{ki}) - \hat{v}_{ki}] \quad k = 1,2,\cdots,K; i = 1,2,\cdots,I$$

$$(6-8)$$

x_{ki}^* 为调整后的投入数量,$\hat{v}_{ki}$ 为第 i 个决策单元在第 k 个投入下的随机误差。式(6-8)中第一个括号表示将所有决策单元调整到相同的外部环境下,第二个括号表示将全部决策单元的随机误差调整成相同情形,这样可以使每个决策单元具有相同的外部环境和运气(胡宗义、鲁耀纯、刘春霞,2014;刘志迎、张吉坤,2013;李鹏、张俊飚,2013)。

第三阶段:调整后的 DEA 模型。在第三阶段运用调整后的投入数量 x_{ki}^* 代替原始的投入数量 x_{ki},再次利用 DEA 模型进行效率测算,便可以得到剔除了外部环境因素和随机因素后的决策单元的真实技术效率值。

2. 变量及数据说明

(1)投入产出变量的选择。要准确地衡量 2012 年中国地区工业水污染治理的效率就必须构建一个能够全面、客观反映水污染治理综合效率的投入产出体系。根据研究需要并借鉴已有的相关文献,进行投入产出变量的选择。其中,投入变量为各地区工业废水治理投资完成额、工业废水治理设施数、工业废水治理设施年度运行费用等;产出变量为工业废水污染物去除量(包括氰化物、氨氮和COD)、工业废水排放达标量、工业废水排放达标率等。本部分的分析样本为中国 28 个省区,由于西藏、青海和海南部分数据缺失,没有将其列入研究范围。

（2）环境变量的选取。考虑到工业水污染治理的特点，选取以下四个变量作为环境因素变量。一是经济发展水平，该变量用人均 GDP 来衡量。一般来说，随着经济发展水平的提高，人们对环保的要求也越来越高，同时经济越发达的地区，其污染治理技术和管理水平也越高。二是产业结构，用第三产业产值在 GDP 中所占比重表示。产业结构高级化意味着资源配置的合理化，从而环保投资的效率也会更高。三是 FDI 比重，用外商直接投资与 GDP 的比值表示。FDI 会促进地区经济快速发展，同时也会对本地环境造成重大影响。四是城市化率，即地区城镇人口占总人口的比重。城市化率的提高意味着城市人口的快速增加，相应的物质消耗也会增加，这必然会带来一定的环境问题。

以上相关数据来源于《中国环境年鉴 2013》、《中国环境统计年鉴 2013》和《中国统计年鉴 2013》。

（三）实证结果分析

1. 第一阶段传统 DEA 的实证结果分析

利用 DEAP 2.1 软件对中国 2012 年工业水污染治理效率及规模报酬状况进行了测算，结果如表 6－5 所示。在不考虑外在的环境变量及随机因素干扰的情况下，2012 年中国省区工业水污染治理综合技术效率平均值为 0.755，纯技术效率均值为 0.851，规模效率均值为 0.886，即综合技术效率主要来源于规模效率的改善。而代表决策与管理水平的纯技术效率也是影响中国省区工业水污染治理综合技术效率提升的关键因素。从三大地区来看，中部地区的工业水污染治理综合技术效率均值最高，为 0.872，其纯技术效率和规模效率分别为 0.898 和 0.969；其次是东部地区，其综合技术效率均值为 0.722，纯技术效率和规模效率分别为 0.863 和 0.837；工业水污染治理效率均值最低的是西部地区，为 0.695，其纯技术效率和规模效率分别为 0.800 和 0.869。从省区来看，2012 年山西、内蒙古、黑龙江、上海、浙江、安徽、河南、广东、广西、贵州和宁夏的工业水污染治理效率值为 1，处于技术效率的前沿面，而其他各省区则在纯技术效率或规模效率方面有可改进空间。从规模报酬状况来看，仅有河北、江苏、福建、山东处于规模报酬递减状态，其他省区则处于规模报酬递增或不变的状态。表 6－5 中的结果包含了环境因素和随机因素的干扰，并不能完全客观地反映出各地区工业水污染治理效率的真实水平，因而还需要利用随机前沿方法对相关数据做进一步的调整和测算。

表 6－5　2012 年中国地区工业水污染治理第一阶段 DEA 效率值

地区	技术效率	纯技术效率	规模效率	规模报酬	地区	技术效率	纯技术效率	规模效率	规模报酬
北京	0.533	1.000	0.533	irs	湖北	0.706	0.714	0.988	irs
天津	0.299	0.503	0.595	irs	湖南	0.529	0.556	0.952	irs
河北	0.654	0.668	0.979	drs	广东	1.000	1.000	1.000	crs
山西	1.000	1.000	1.000	crs	广西	1.000	1.000	1.000	crs
内蒙古	1.000	1.000	1.000	crs	重庆	0.668	0.875	0.763	irs
辽宁	0.451	0.463	0.976	irs	四川	0.391	0.414	0.944	irs
吉林	0.789	0.917	0.860	irs	贵州	1.000	1.000	1.000	crs
黑龙江	1.000	1.000	1.000	crs	云南	0.441	0.482	0.914	irs
上海	1.000	1.000	1.000	crs	陕西	0.393	0.490	0.803	irs
江苏	0.626	1.000	0.626	drs	甘肃	0.487	1.000	0.487	irs
浙江	1.000	1.000	1.000	crs	宁夏	1.000	1.000	1.000	crs
安徽	1.000	1.000	1.000	crs	新疆	0.574	0.739	0.776	irs
福建	0.871	1.000	0.871	drs	东部	0.722	0.863	0.837	—
江西	0.948	1.000	0.948	irs	中部	0.872	0.898	0.969	—
山东	0.787	1.000	0.787	drs	西部	0.695	0.800	0.869	—
河南	1.000	1.000	1.000	crs	全国	0.755	0.851	0.886	—

注：drs 为规模报酬递减，irs 为规模报酬递增，crs 为规模报酬不变；"—"表示没有数据。

2. 第二阶段 SFA 回归结果分析

第一阶段得出的各种投入变量的松弛变量取对数后作为被解释变量，四种环境变量取对数后作为解释变量，利用 Frontier 4.1 软件进行 SFA 回归，结果如表 6-6 所示。

表 6-6　第二阶段 SFA 回归结果

变量	工业废水治理投资额松弛变量	工业废水治理设施数松弛变量	工业废水治理设施年度运行费用松弛变量
常数项	-4793.460 ** (-4790.425)	395.466 ** (395.628)	-21198.262 ** (-18300.742)
经济发展水平	-0.279 * (-2.511)	-0.007 ** (-62.242)	-1.408 ** (-92.447)
产业结构	-220.569 ** (-218.672)	2.119 ** (19.643)	-413.818 ** (-24.197)
FDI 比例	-17406.072 ** (-17401.221)	-1777.380 ** (-1777.429)	244024.740 ** (241226.510)
城市化率	65513.127 ** (65488.148)	349.287 ** (349.315)	196341.880 ** (195906.010)
σ^2	86817.963 ** (86770.832)	165.362 ** (165.365)	3903.119 ** (3895.210)
γ	0.049 * (2.277)	0.999 ** (29057.287)	0.783 ** (5.506)
Log 值	-311.006	-91.628	-242.310
LR 单边检验误差	13.560 **	13.238 **	9.393 **

注：括号内为 t 检验值，*、** 分别表示显著性水平为 5% 和 1%。

从表 6-6 可以看到，三种投入要素松弛变量在 SFA 模型中的值均通过了至少 5% 的显著性检验。这表明与随机误差相比，环境因素对工业水污染治理效率具有更重要的影响。每个投入要素松弛回归的似然比 LR 都通过了 1% 的显著性检验。这表明混合误差项中存在技术非效率，工业水污染治理的外部环境确实会对治理效率产生影响，因而必须应用 SFA 将各种环境因素和随机因素对工业水污染治理效率的影响进行剥离，这样才能客观地反映各地区工业水污染治理效率的真实状况。表 6－6 中，当回归系数为负时，表示提高环境变量有利于减少投入松弛变量。反之，当回归系数为正时，提高环境变量则会增加投入松弛变量。下面将分别分析四种环境变量对三种投入松弛变量的影响。

（1）经济发展水平变量对工业废水治理投资额、工业废水治理设施数以及工业废水治理设施年度运行费用三种松弛变量的系数均为负值，并且至少通过了 5% 的显著性检验。这说明各地区经济发展水平的提高有利于减少工业废水治理投资额、治理设施数以及治理设施年度运行费用的冗余，从而有利于提高工业水污染治理的效率。这是因为在经济高速发展的同时，伴随而来的是环境污染的加重，这是很多国家在工业化进程中所面临的共同问题，在中国则尤为突出。正因为如此，国家越来越重视扶持各种节能环保产业，从而使越来越多的人加入这一行业，推动环保产业的快速发展和逐渐壮大，产生规模经济和集聚效应，进而提高了污染治理资金和设施的配置效率。另外，随着人们生活水平的提高，人们对环境质量愈加关注，保护环境、治理污染的呼声也越来越高。相对于当前严重的水污染与人们对高质量生活环境和条件的需求，现有的污水治理投入和治污设施数量是远远不能够满足需求的，从这个意义上来看，治理工业水污染的各种投入只能是不足，而不会产生冗余。

（2）产业结构即第三产业在经济总量中的比重对工业废水治理投资额松弛变量和治理设施年度运行费用松弛变量均具有显著的负向影响，而对工业废水治理设施数松弛变量则具有显著的正向影响。这是因为产业结构的优化升级意味着一个国家和地区经济发展的重心向第三产业转移。这会使工业产值在整个经济总量中的比重逐渐下降，即工业的规模相对第三产业有所萎缩，从而使得工业水污染日益加剧的状况有所改善，政府也不需要拿出过多的资金用于工业水污染的治理，也不会出现工业水污染治理投入的浪费。在产业结构升级之前，工业规模较大，环境污染严重，政府需要购买较多的设施来治理水污染；而产业结构升级之后，环境会有所改善，之前大量采购的污水治理设施就会被闲置，与此同时，政府也会投入较少的资金用于工业水污染治理设施的运行，不会再出现冗余。

（3）FDI 比例对工业废水治理投资额松弛变量和治理设施数松弛变量的回归系数均为负值，并都通过了 1% 的显著性检验，而 FDI 比重对工业废水治理设施年度运行费用松弛变量的回归系数为正值，并且也通过了 1% 的显著性检验。上述回归结果说明 FDI 的增加会减少废水治理投资额和治理设施的冗余，但会造成工业废水治理设施年度运行费用的剩余。对上述结果的解释是，FDI 增加会带来更多的先进技术设备和管理经验，从而使工业废水治理投资资金和工业废水治理设施能够实现更合理的配置，提高治污投资和设备的使用效率，也会节省废水治理设施的运行成本，使预先安排的运行费用出现较多的节余。

（4）城市化率对工业污水治理投入具有显著的正向影响。这意味着城市化率的提高会导致工业废水治理投资额、工业废水治理设施数量以及治理设施年度运行费用出现冗余，从而不利于工业水污染治理效率的提高。城市化是推进区域经济快速发展的必由之路，而工业化又是城市化的重要内容。中国城市化具有粗放型的特点，其中一个重要的表现就是高投入、高消耗、高污染企业大量存在。随着粗放型城市化的发展，这些企业粗放型的发展方式导致了严重

的环境污染和资源浪费，工业污染治理资金和治理设施的利用效率
也极其低下。

3. 第三阶段投入调整后的 DEA 实证结果分析

依据公式（6-8）对工业水污染治理投入变量进行调整后，再
次利用 DEA 方法进行工业水污染治理效率的测算，结果如表 6-7
所示。

表 6-7　2012 年中国地区工业水污染治理第三阶段 DEA 效率值

地区	技术效率	纯技术效率	规模效率	规模报酬	地区	技术效率	纯技术效率	规模效率	规模报酬
北京	1.000	1.000	1.000	crs	湖北	0.504	0.764	0.660	irs
天津	0.691	0.823	0.840	irs	湖南	0.594	0.847	0.702	irs
河北	0.163	0.940	0.173	irs	广东	1.000	1.000	1.000	crs
山西	0.150	1.000	0.150	irs	广西	1.000	1.000	1.000	crs
内蒙古	0.645	1.000	0.645	irs	重庆	0.449	0.980	0.458	irs
辽宁	0.558	0.772	0.723	irs	四川	0.483	0.728	0.663	irs
吉林	0.422	0.978	0.431	irs	贵州	0.519	1.000	0.519	irs
黑龙江	0.743	1.000	0.743	irs	云南	0.452	0.786	0.574	irs
上海	1.000	1.000	1.000	crs	陕西	0.682	1.000	0.682	irs
江苏	1.000	1.000	1.000	crs	甘肃	0.223	0.984	0.227	irs
浙江	1.000	1.000	1.000	crs	宁夏	0.965	0.965	1.000	irs
安徽	0.304	0.850	0.357	irs	新疆	0.880	1.000	0.880	irs
福建	1.000	1.000	1.000	crs	东部	0.836	0.949	0.874	—
江西	0.642	0.939	0.684	irs	中部	0.541	0.922	0.587	—
山东	0.951	0.951	1.000	irs	西部	0.630	0.944	0.665	—
河南	0.969	1.000	0.969	irs	全国	0.682	0.942	0.718	—

通过对比表 6-5 和表 6-7 中的结果可以发现，在剔除环境因
素和随机因素的干扰后，中国省区工业水污染治理效率变化较大，
平均技术效率由第一阶段的 0.755 下降为第三阶段的 0.682。这说

明不排除环境和随机因素会高估中国省区工业水污染的治理效率，同时也说明中国省区工业水污染的治理效率真实值偏低，效率值平均损失高达31.8%，水污染治理效率有较大的改善空间。中国省区工业水污染治理的纯技术效率由0.851上升为0.942，而规模效率则由0.886下降为0.718，这说明高估中国省区工业水污染治理的效率主要是由高估规模效率所致。

就三大地区来看，东部地区的技术效率由0.722上升为0.836，而中部和西部地区的技术效率则分别由0.872、0.695下降为0.541和0.630。这说明之前东部地区较低的技术效率是由其较为不利的外部环境或不好的运气所致，而非其技术管理水平低，中部和西部地区则恰好相反。中部和西部地区技术效率相差不多，而东部地区的技术效率则远高于它们的，这种差异主要由三大地区间规模效率的差异所致。表6-5中，仅有东部地区的技术效率主要来自纯技术效率，中部和西部地区的技术效率均来自其规模效率；而表6-7中，三大地区的技术效率均主要来自其纯技术效率。这说明中国地区工业水污染治理的规模效率总体偏低，水污染治理的投入和其他领域相比仍然过少，远没有达到最佳规模。

分省区来看，比较表6-5和表6-7可知，剔除环境和随机因素的影响后，处于技术效率前沿的省区由11个下降为7个，其中上海、浙江、广东和广西仍处于技术效率前沿面，说明这4个省区的工业水污染治理效率确实较好。与第一阶段相比，北京、江苏和福建因规模效率的提高而升至效率前沿面，说明在剥离环境和随机因素的同质环境条件下，这3个省区的工业水污染治理是高效的。山西、内蒙古、黑龙江、安徽、河南、贵州和宁夏在第三阶段退出了技术效率前沿。其中，安徽的退出是由纯技术效率和规模效率的双重下降所致，宁夏的退出完全是由纯技术效率的下降所致，而其余省区的退出则均由规模效率的下降所致。除上述地区外，与第一阶段相比，第三阶段技术效率上升的省区仅有天津、辽宁、山东、湖南、四川、云南、陕西和新疆。其中，天津、新疆技术效率的提高是由纯技术效率和规模效率的双重上升所致；山东技术效率的提高是由规模效率的显著提升所致；而其余省区技术效率的提高则主要来自纯技术效率的显著上升，这说明这些地区的技术管理水平总体并不低，只是较差的外部环境和不好的运气才导致了第一阶段的低效率。除上述分析所提及的省区外，其余省区的工业水污染治理效率均在第三阶段出现下降，这主要是由规模效率的显著下降所致。这说明中国多数省区的工业水污染治理没有达到最优规模，其第一阶段的高效率与它们所处的有利环境和好运密切相关。

以 0.9 为效率值的临界点，根据各省区纯技术效率和规模效率值可以将中国省区工业水污染治理效率划分为四种类型。如图 6-2 所示（图中不包括处于效率前沿面的 7 个省区）：第一种类型为"双高型"，即纯技术效率和规模效率值均高于 0.9，这类地区包括处于效率前沿的 7 个省区及宁夏、山东、河南。这些地区是中国工业水污染治理效率最高的区域，其水污染治理的管理水平与投入规模均处于国内领先水平，其治理效率的改进空间较小。第二种类型为纯技术效率高于 0.9 而规模效率则低于 0.9 的"高低型"，这类地区包括新疆、黑龙江、江西、陕西、内蒙古、贵州、重庆、吉林、甘肃、河北和山西。这些省区的工业水污染治理效率的改进方向为提高治污的规模效率，其实现途径是加大污水治理投入，实现治污资源的集中配置，扩大污水治理规模，实现规模经济。第三种类型为纯技术效率低于 0.9 而规模效率高于 0.9 的"低高型"，中国没有省区属于这一类型。第四种类型为纯技术效率和规模效率均低于 0.9 的"双低型"，这类地区包括天津、辽宁、湖南、四川、湖北、云南及安徽。这些省区的工业水污染治理效率的提升空间较大，提升难度也较大，治理过程中在注重提高经营管理水平的同时，还需要不断扩大工业水污染治理的规模。

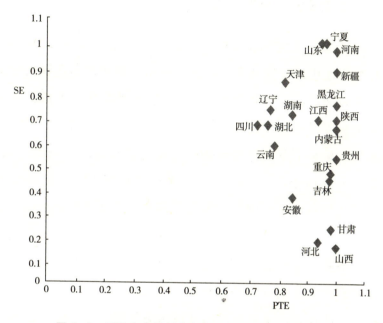

图6－2　2012年中国部分省区工业水污染治理纯技术效率和规模效率分布

与表6－5相比，第三阶段中国省区工业水污染治理的规模报酬状况也出现了较大的变化。由表6－7可以看到，除处于效率前沿面的7个省区处于规模报酬不变的状态外，其余省区均处于规模报酬递增状态。这说明中国省区工业水污染治理投入总体上来说还是不足的。增加对工业水污染治理的投入，不仅可以有效地提高水污染治理的综合效率，而且还能带来更大比例的水污染治理的回报。因此，进一步增加中国省区工业水污染治理的投入是当前一个重要的政策选择。

第二节　河南省工业绿色化发展绩效评价

一　变量及相关数据说明

本部研究范围为河南 18 个省辖市，考察时段为 2008～2014 年，计算所使用的变量及其数据来源包括：期望产出选择的度量指标为工业增加值，同时将 2008 年作为基期对其进行平减，相关统计数据来源于考察期内的《河南统计年鉴》。利用 SO_2 产生量、工业废水排放量和工业固体废弃物产生量计算出环境污染综合指数，并将其作为非期望产出，相关数据来自考察期内的《河南统计年鉴》和各省辖市统计年鉴。选择物质资本、劳动力和能源消耗量作为投入要素。物质资本采用工业固定资产净值，劳动力采用工业部门从业人员数，能源消耗用工业单位 GDP 能耗来表示，相关数据来源于考察期内的《河南统计年鉴》。

为了便于比较河南各地区的环境污染状况，利用熵值法将"三废"数据计算为非期望产出指数，结果见表6-8。

表 6-8　2008～2014 年河南各地区非期望产出综合指数

年份	2008	2009	2010	2011	2012	2013	2014	地区平均
郑　州	12.9776	10.1031	9.6098	9.3420	9.3855	10.6195	11.3604	10.4854
开　封	31.1983	45.2894	61.3947	70.8495	97.1748	113.4950	127.1981	78.0857
洛　阳	4.4591	4.9638	5.3498	5.6629	6.1882	6.6014	7.1478	5.7676
平顶山	13.6135	12.4555	11.3818	11.1036	9.7814	9.1001	8.6346	10.8672
安　阳	9.8793	10.2199	10.2452	10.2568	10.5743	10.7457	11.0690	10.4272
鹤　壁	54.6464	44.1841	37.7945	34.3779	28.4517	24.7370	21.7648	35.1366
新　乡	14.0847	15.8448	16.6205	16.0870	17.8632	18.3124	18.8051	16.8025
焦　作	11.1264	10.9040	10.5658	10.9978	10.2132	10.0770	10.0786	10.5661
濮　阳	31.2628	36.9855	39.4346	41.9418	41.3265	40.6305	39.3611	38.7061

续表

年份	2008	2009	2010	2011	2012	2013	2014	地区平均
许　昌	42.1841	44.2158	46.2985	48.9662	51.9576	55.2339	59.4258	49.7546
漯　河	47.2767	51.1775	51.6598	58.3477	51.3281	50.4857	49.5514	51.4038
三门峡	16.0666	13.8759	12.7136	11.3767	10.9238	10.1141	9.5203	12.0844
南　阳	16.9327	18.0280	17.6965	19.1544	16.1146	14.8844	13.6570	16.6382
商　丘	31.4099	29.5312	28.7612	26.1044	28.0832	27.7152	27.5796	28.4550
信　阳	38.0837	38.6937	40.5595	42.9431	45.4148	47.8228	50.5228	43.4343
周　口	42.5384	54.5031	68.5782	72.9231	108.6107	135.9042	170.7221	93.3971
驻马店	51.0447	50.4811	48.9029	44.6346	46.4585	45.2518	44.4471	47.3172
济　源	38.9938	35.3362	34.4144	30.0323	32.4321	30.9675	29.7378	33.1306
年　均	28.2099	29.2663	30.6656	31.3945	34.5712	36.8166	39.4769	24.7222 （标准差）

由表6-8可以看到，河南各地区年平均非期望产出指数由
2008年的28.2099上升至2014年的37.4769，整体呈现上升趋势。
这说明河南工业环境污染呈现逐年加重的趋势。具体来看，郑州的
非期望产出指数呈现先下降后上升之势，即由2008年的12.9776
下降为2011年9.3420，而后又上升至2014年的11.3604，与濮阳、
漯河及南阳的非期望产出指数变化趋势恰好相反。开封、洛阳、安
阳、新乡、许昌、信阳、周口的非期望产出指数呈现逐年上升之
势，而平顶山、鹤壁、三门峡的非期望产出指数则呈现逐年下降之
势。从地区平均值来看，河南各地区间的非期望产出指数差距较
大，其标准差为24.7222。其中，周口、开封、漯河等地区的平均
指数值较大，分别为93.3971、78.0857和51.4038；而洛阳、安
阳、郑州的指数值则较小，分别为5.7676、10.4272和10.4854。

指数值最高的地区是最低地区的约 16 倍，地区环境污染程度差距非常显著，这是由产业结构优化程度和环境污染治理强度的地区差异所致。

二　河南省工业环境全要素生产率分析

在考虑多投入多产出条件下，利用绿色增长核算方法计算出样本期内河南各辖市的工业环境全要素生产率及构成，下面将结合工业传统全要素生产率的计算结果，对相应指标进行动态和静态比较分析。

表 6 – 9　2008～2014 年河南省工业的 ML 指数、Malmquist 指数及其构成

时期	ML 指数	环境技术进步	环境技术效率	Malmquist 指数	技术进步	技术效率
2008～2009 年	0.880	0.784	1.124	0.956	0.951	1.006
2009～2010 年	1.046	1.037	1.009	1.080	1.111	0.972
2010～2011 年	1.150	1.094	1.051	1.413	1.281	1.103
2011～2012 年	0.983	0.978	1.005	0.663	0.701	0.945
2012～2013 年	1.040	1.033	1.007	0.932	1.041	0.895
2013～2014 年	1.063	1.070	0.993	1.026	1.161	0.883
平均	1.027	0.999	1.032	1.012	1.041	0.967

由表 6 – 9 可以看到，2008～2014 年河南省的工业 ML 指数、Malmquist 指数、环境技术进步指数和技术进步指数均呈现出相同的变化趋势，即 2009～2011 年连续增长，2012 年有所下降，之后又连续增长。环境技术效率在 2009～2014 年则呈现下降、上升不断交替的状况；而技术效率的变化则与其有所不同，在经历了

2009～2011 年的短暂波动后，连续出现下降趋势。总体比较来看，ML 指数年平均增长 2.7%，其增长主要来自环境技术效率的改善，而环境技术进步增长则接近 0；Malmquist 指数年均增长率为 1.2%，其增长主要来自技术进步，而技术效率则呈现恶化趋势。可见，不考虑环境因素会低估全要素生产率的增长，这主要缘于在不考虑环境因素的条件下技术进步被高估，技术效率被低估。近年来，中国环境状况比较严峻，这反映出全国多数地区包括河南省各辖市的节能环保技术水平和创新能力从整体上讲都是比较薄弱的，忽略了环境因素也就忽略了这方面的技术不足，从而造成了技术进步被高估。2008 年以来，一些重大活动的举办对生态环境建设提出了更高的要求，促使包括河南省在内的各地区加大了环境整治的力度，环境状况有所改善。2010～2012 年河南省连续出台了《环境综合整治实施方案》，对焦化、水泥、建材、煤化工、冶金等主要污染企业进行了关停并转和综合治理，这些治理措施的实施产生了良好的生态效益和社会效益，显著提高了地区的环境技术效率。这种技术效率的提高主要是基于行政管制的约束，而非节能环保技术进步。不考虑环境因素，环境管制带来的技术效率的改善则被忽视，从而低估了地区的技术效率。上述结论同时也说明环境污染虽会造成一定的效率损失，但它的改善也会带来较大的正向外部效应，因而，不考虑环境因素的经济增长绩效评价是欠准确的，而考虑环境因素则会使绩效评价更加客观、科学。

在对河南省工业全要素生产率进行动态分析之后，下面将根据表 6－10 所给出的河南省各地区平均 ML 指数、Malmquist 指数及其构成进行区际之间的静态比较分析。

表 6 – 10　2008 ~ 2014 年河南省各地平均 ML 指数、Malmquist 指数及其构成

地区	ML 指数	环境技术进步	环境技术效率	Malmquist 指数	技术进步	技术效率
郑州	1.057	1.057	1.000	1.071	1.026	1.044
开封	1.038	0.998	1.040	1.009	1.023	0.986
洛阳	0.987	0.987	1.000	1.009	1.004	1.005
平顶山	0.992	0.992	1.000	0.907	1.033	0.877
安阳	1.066	1.025	1.040	0.897	1.031	0.870
鹤壁	1.080	1.137	0.950	1.013	1.028	0.986
新乡	1.082	0.992	1.091	1.011	1.031	0.980
焦作	1.134	1.134	1.000	0.986	0.979	1.007
濮阳	1.037	1.037	1.000	0.940	1.035	0.909
许昌	1.024	1.024	1.000	0.991	1.022	0.969
漯河	1.031	1.031	1.000	0.919	1.023	0.898
三门峡	1.043	1.043	1.000	1.047	1.047	1.000
南阳	1.124	1.160	0.969	0.979	1.034	0.946
商丘	1.175	1.051	1.118	0.951	1.023	0.930
信阳	1.220	1.115	1.094	0.929	1.023	0.908
周口	0.953	0.953	1.000	0.982	1.023	0.960
驻马店	1.044	1.099	0.950	0.936	1.023	0.915
济源	0.953	0.953	1.000	0.952	0.968	0.984

　　在不考虑能源投入和环境污染时，仅有郑州、开封、洛阳、鹤壁、新乡和三门峡的全要素生产率实现了增长，其中郑州和三门峡这两个地区的全要素生产率增长较快，平均增长率分别达到了7.1% 和4.7% ；其余地区的全要素生产率增长较慢，平均增长率仅为1% 。郑州的全要素生产率增长最快，主要是因为其技术进步和技术效率均实现了较大幅度增长。三门峡全要素生产率的较快增长主要归功于其技术进步，而其技术效率则基本没有变化。开封、鹤壁和新乡的全要素生产率增长较慢的原因是，其技术进步在实现较大幅度增长的同时，技术效率则出现了一定程度的恶化。洛阳全要

素生产率增长较慢是因为技术进步和技术效率均增长较慢，增长率分别为0.4%和0.5%。除上述6个地区外，其余12个地区的全要素生产率均出现了不同程度的下降，这主要由多数地区的技术效率出现下降所导致。在全要素生产率下降的12个地区中，安阳、平顶山和漯河的下降幅度最大，分别为10.3%、9.3%和8.1%，其技术效率下降幅度均在10%以上。

考虑能源投入和环境因素后多数地区的ML指数均高于其相应的传统指标值，这说明环境因素对河南省工业效率具有显著的影响。在河南省18个省辖市中，仅有郑州、洛阳、三门峡和周口的环境全要素生产率指数低于其传统值。尽管郑州、三门峡的生产技术水平有所提高，但其先进技术的利用效率并不高，环境技术效率没有实现改善，从而使其ML指数与传统值相比出现了下降。洛阳和周口的环境技术效率没有得到改善，而环境技术进步却出现下降，从而使其环境全要素生产率下降并低于传统值。在所有地区中，只有洛阳、周口、平顶山和济源的环境全要素生产率在下降，这完全是环境技术退步的结果。

除上述4个地区外，其余14个地区的ML指数均大于其传统值，其中信阳、商丘、焦作和南阳的环境全要素生产率增长较快，其年均增长率分别为22%、17.5%、13.4%和12.4%。这主要是因为这些地区能够立足长远，大力推进工业的转型发展，在坚决淘汰低水平、高能耗、高污染工业项目的同时，能够加大工业技术革新和节能减排的力度，通过不断调整优化工业结构来提高可持续发展的能力。以信阳市为例，近年来，信阳市不断推进产业集聚区提高创新能力，积极发展高端装备制造业和战略性新兴产业，以产业转型升级促进节能减排和生态环境改善。同时，信阳市坚持以创新为驱动，不断加大研发投入，在创新主体培育、创新载体建设、实现关键技术突破和创新平台搭建等方面采取了一系列富有成效的措施，极大地促进了生产技术的进步和生产效率的提高，形成了经济、资源和环境协调发展的良好局面。

此外，河南省多数地区实现了环境技术进步，只有少数地区出现了环境技术的倒退。从环境技术效率看，开封、安阳、新乡、商丘、信阳的环境技术效率实现了不同程度的改善，而鹤壁、南阳、驻马店的环境技术效率则出现恶化态势。除上述地区外，其他地区的环境技术效率指数均为1，这说明这些地区已认识到环境因素对经济发展的重要性，各种有效措施的实施遏制了环境技术效率的下降趋势并呈现改善势头。

三 河南省工业增长源泉分解及绿色化发展绩效评价

下面利用绿色增长核算模型对2008～2014年河南省的工业增长源泉进行测算，并将其与传统的工业增长源泉测算结果进行比较，分析河南省的工业增长绩效，相关结果如表6－11所示。

2008～2014年河南省各地区的工业平均增长率达到了9.3%，增长幅度较大。其中，周口、驻马店和信阳等地的增长幅度较大，增长率分别达到了17.5%、16.2%和15.7%，而平顶山、安阳、济源的工业增长速度较慢，增长率分别仅为1.4%、2.6%和5.2%。就河南工业经济增长的传统分解结果来看，传统全要素生产率的工业增长贡献率平均为－2.8%。其中，技术进步促进了工业增长，其贡献的增长率为2.1%；而技术效率则阻碍了工业增长，其贡献的增长率为－4.8%。由此可见，传统全要素生产率对河南工业增长的低贡献率主要是由多数地区技术效率恶化所导致。郑州和三门峡的传统全要素生产率贡献的工业增长率超过了资本深化，多数地区资本深化的工业增长贡献率都占据了绝对份额，资本深化

表6-11　2008~2014年河南省各地区工业增长源泉

地区	工业增长率	环境全要素生产率	环境技术进步	环境技术效率	环境管制	产业环境结构	要素投入	传统全要素生产率	技术进步	技术效率	资本深化
郑州	0.131	0.048	0.048	0	0.012	-0.120	0.191	0.069	0.026	0.043	0.062
开封	0.151	-0.010	-0.010	0	0.209	-0.107	0.059	0.009	0.023	-0.014	0.142
洛阳	0.056	-0.016	-0.016	0	0.106	-0.106	0.072	0.009	0.004	0.005	0.047
平顶山	0.014	-0.014	-0.014	0	0.018	0.004	0.006	-0.098	0.033	-0.131	0.112
安阳	0.026	0.061	0.024	0.037	-0.038	-0.001	0.004	-0.109	0.030	-0.139	0.135
鹤壁	0.089	0.057	0.113	-0.056	-0.066	-0.025	0.123	0.013	0.027	-0.014	0.076
新乡	0.087	0.056	-0.014	0.070	0.051	-0.069	0.049	0.011	0.031	-0.020	0.076
焦作	0.071	0.120	0.120	0	-0.054	-0.013	0.018	-0.015	-0.022	0.007	0.086
濮阳	0.098	0.031	0.031	0	-0.040	-0.069	0.176	-0.061	0.034	-0.095	0.159
许昌	0.099	0.020	0.020	0	0.058	-0.077	0.098	-0.009	0.022	-0.031	0.108
漯河	0.056	0.018	0.018	0	0.087	-0.172	0.123	-0.085	0.023	-0.108	0.141
三门峡	0.053	0.042	0.042	0	0.012	-0.034	0.033	0.046	0.046	0.000	0.007
南阳	0.101	0.098	0.136	-0.038	-0.061	-0.008	0.072	-0.022	0.034	-0.056	0.123
商丘	0.100	0.138	0.043	0.095	-0.067	-0.035	0.064	-0.050	0.023	-0.073	0.150
信阳	0.157	0.185	0.105	0.080	-0.041	-0.185	0.198	-0.074	0.023	-0.097	0.231
周口	0.175	-0.070	-0.070	0	0.122	-0.015	0.138	-0.018	0.023	-0.041	0.193
驻马店	0.162	0.038	0.094	-0.056	0.101	-0.152	0.175	-0.066	0.023	-0.089	0.228
济源	0.052	-0.049	-0.049	0	0.068	-0.001	0.034	-0.049	-0.033	-0.016	0.101
平均	0.093	0.042	0.035	0.007	0.027	-0.066	0.091	-0.028	0.021	-0.048	0.121

对河南省工业增长的贡献率平均高达 12.1%。传统分解结果显示，要素投入是推动河南省工业增长的首要力量，河南省工业增长是要素驱动型增长。传统经济增长分解结果能在一定程度上解释地区经济增长的源泉和效率，但其忽略了能源和环境因素，可能会造成一些指标的计算偏误而得出错误结论。当前，中国经济转型发展正处于攻坚期，从资源环境视角进行经济增长源泉的分解和分析似乎更具有特别的意义，为此，下面将对河南省工业经济增长的绿色分解结果进行重点分析。

由表 6-11 可以看出，环境全要素生产率对河南省各地区工业增长所贡献的平均增长率为 4.2%，其中环境技术进步贡献的增长率为 3.5%，环境技术效率贡献的增长率为 0.7%，环境管制贡献的增长率为 2.7%，产业环境结构贡献的增长率为 -6.6%，要素投入贡献的增长率为 9.1%。由此可见，要素投入仍然是河南省工业增长的主要源泉，这和传统分解结果是一致的。和传统分解结果不同，在考虑环境因素后，全要素生产率对河南省工业增长贡献了较大的份额，这一贡献主要来自环境技术进步。这说明近年来河南在环境技术创新和加强生态环境建设方面已取得了初步成效，环境改善对经济增长的外部效应已初露端倪。上述环境管制的贡献率表明，河南省仍然存在以牺牲环境为代价的工业增长，这可与产业环境结构的不合理所造成的经济增长乏力相印证。

从环境全要素生产率来看，开封、洛阳、平顶山、周口和济源的环境全要素生产率对工业增长的贡献为负，这主要是因为这些地区的环境技术效率没有改善，而环境技术进步却出现了倒退。除此之外，其他地区的环境全要素生产率都促进了工业的增长，其中，信阳、商丘和焦作的环境全要素生产率对产出的贡献较大，其贡献的经济增长率分别为 18.5%、13.8%、12.0%，这主要得益于这些地区的环境技术进步有较大增长而环境技术效率又没有恶化。在环境全要素生产率对产出有正向影响的地区中，漯河、许昌和濮阳的环境全要素生产率对工业增长的贡献度较低，分别为1.8%、2.0%和3.1%，这是因为这些地区的环境技术效率没有改善，而环境技术进步又比较缓慢。

从环境管制来看，只有安阳、鹤壁、焦作、濮阳、南阳、商丘和信阳的环境管制贡献的工业增长为负值，这意味着这些地区较为注重环境管制和可持续发展，以牺牲环境为代价的工业增长模式正逐步被抛弃。其他地区的环境管制贡献的工业增长率均为正值，说明这些地区的工业发展理念和发展模式亟须转变。从产业环境结构来看，在18个省辖市中仅有平顶山的产业环境结构贡献的经济增长率为正，其他地区全部为负。这说明河南省多数地区存在产业结构不合理的状况，高污染、高耗能产业比重过高，产业结构亟待转型升级。从要素投入来看，信阳、郑州和濮阳的要素投入贡献的工业增长率较高，分别为19.8%、19.1%和17.6%。要素投入的经济增长贡献率高并不一定意味着该地区全要素生产率的产出贡献率低，这是因为产出增长源泉除这二者之外还有环境管制和产业环境结构因素，特别是各地区产业环境结构的产出贡献率基本是负值，这会抵消一部分其他增长源泉正的增长率。以信阳为例，其要素投入和环境全要素生产率所贡献的经济增长率在全部省辖市中都是最高的，分别为19.8%和18.5%。安阳、平顶山和焦作要素投入贡献的增长率虽较低，分别为0.4%、0.6%和1.8%，但这些地区本身工业增长率并不高，所以其要素投入贡献的增长率在全部工业增长率中所占的份额不一定十分低，如平顶山的要素投入贡献份额就高达42.9%。

以上分析表明，河南省工业增长总体上是投入驱动型的，要素投入是拉动工业增长的主导力量。但同时也应该看到，环境全要素生产率也是推动河南工业增长不可忽视的重要力量。研究表明，河南产业环境结构不合理，"以环境换增长"的发展模式还在不少地区存在，工业发展具有显著的粗放型特征。这与河南省传统产业比重大、技术工艺落后、资源消耗过多、环境污染严重直接相关。

四 河南省工业增长源泉的相对趋同检验

环境技术进步、环境技术效率、环境管制、产业环境结构和要素投入对河南工业增长都有不同程度的贡献，那么它们对地区经济差距又会有怎样的影响？下面将利用相对趋同检验方法探讨这一问题。

在建立相对趋同检验模型时必须选择一个地区作为趋同参照对象，由于郑州经济发展水平在河南省最高，因而选择它作为参照地区进行相对趋同检验来分析各省辖市在环境全要素生产率（环境技术进步与环境技术效率的乘积）、环境管制、产业环境结构和要素投入等方面是否发生"追赶"，相关模型如下：

$$\bar{g}_{TFPi} - \bar{g}_{TFPzz} = \alpha_{TFP} + \beta_{TFP}\log\left(\frac{g_{ai}}{g_{azz}}\right) + \varepsilon_{TFPi} \tag{6-9}$$

$$\bar{g}_{EPCi} - \bar{g}_{EPCzz} = \alpha_{EPC} + \beta_{EPC}\log\left(\frac{g_{ai}}{g_{azz}}\right) + \varepsilon_{EPCi} \tag{6-10}$$

$$\bar{g}_{IESi} - \bar{g}_{IESzz} = \alpha_{IES} + \beta_{IES}\log\left(\frac{g_{ai}}{g_{azz}}\right) + \varepsilon_{IESi} \tag{6-11}$$

$$\bar{g}_{INPi} - \bar{g}_{INPzz} = \alpha_{INP} + \beta_{INP}\log\left(\frac{g_{ai}}{g_{azz}}\right) + \varepsilon_{INPi} \tag{6-12}$$

其中，$\bar{g}_{TFPi}$、$\bar{g}_{EPCi}$、$\bar{g}_{IESi}$及$\bar{g}_{INPi}$分别表示第 i 个地区源于环境全要素生产率、环境管制、产业环境结构和要素投入的工业年均增长率；g_{ai}表示第 i 个地区在 2008 年的潜在产出，这里采用生产函数法对其进行估计；zz 表示郑州。估计结果如表 6－12 所示。

表 6 - 12　河南省工业增长源泉的相对趋同检验（2008～2014 年）

增长源泉	α	β	$\bar{R}^2$	D. W.	F
环境全要素生产率	-0.029 * (-5.148)	0.003 ** (2.582)	0.665	2.142	5.880
环境管制	-0.022 ** (-2.289)	-0.029 (-0.612)	-0.041	0.994	0.375
产业环境结构	0.102 (2.135)	-0.035 (-0.980)	0.024	2.351	0.962
要素投入	-0.188 * (-4.347)	-0.064 ** (-2.988)	0.558	1.903	3.955

注：括号内的数值为 t 值；*、** 分别表示变量在 1% 和 5% 显著水平上通过检验。

由表 6 - 12 可以看到，与环境全要素生产率相关的经济增长发生了显著的相对趋异，这意味着环境全要素生产率是造成河南省工业经济增长差距扩大的重要原因。这主要是因为技术创新大多发生在郑州、洛阳等经济发展较快的地区，其他地区的技术创新不活跃，而且由于不同地区间存在体制障碍和技术壁垒，所以先进技术在短时期内很难扩散到落后地区，以至于地区工业经济增长差距扩大。与环境管制和产业环境结构有关的经济增长发生了趋同，但其 β 参数值均没有通过显著性检验，所以这种趋同趋势并不明显。这主要是因为环境管制和产业环境结构对地区经济增长的贡献度较小，因而其对地区经济差距的收敛性影响也较为有限。至于与环境管制和产业环境结构有关的经济增长为什么会出现趋同现象，这主要是因为加强环境管制对生态环境良好、注重可持续发展地区产出的影响不大，而对环境污染严重地区的产出则会产生较强的抑制效应，这样就缩小了地区间的工业经济增长差距。就产业结构而言，发达地区的产业结构层次比落后地区高，因而其升级的空间和升级的边际产出效应可能没有落后地区大，同时发达地区产业升级也会使落后地区所承接的产业层次相对提高，从而为未来经济的快速发展打下良好的产业基础。因此，从这个意义上看，产业结构的优化升级也有利于缩小地区间工业经济增长差距。要素投入所引致的经济增长具有显著的趋同趋势。由前文的分析可知，一些工业基础不好的地区的工业增长率在全省却是比较高的，如周口、驻马店等，而河南省工业经济增长的主要推动力是要素投入，因而，当前增加要素投入有助于加快落后地区的发展，缩小工业经济差距。当然，落后地区要获得持久、高效的工业增长，最终还是要转变工业经济发展方式。

五 河南省工业绿色增长源泉的影响因素分析

(一) 空间面板数据模型及空间权重矩阵

空间面板数据模型包括静态模型和动态模型，两种模型又都包括空间滞后模型（SAR）和空间误差模型（SEM）。面板数据空间计量模型可以用下式表示：

$$SAR: Y_t = \delta Y_{t-1} + \rho W Y_t + X_t \beta \psi_t \qquad (6-13)$$

$$SEM: Y_t = \delta Y_{t-1} + X_t \beta + \mu + \psi_t$$

$$\psi_t = \lambda W \psi_t + \varepsilon_t \qquad (6-14)$$

其中，Y_t 表示被解释变量的观测值；X_t 表示解释变量；δ 和 β 为模型响应参数；$\psi_t = (\psi_{1t}, \cdots, \psi_{Nt})'$，$\mu = (\mu_1, \cdots, \mu_N)'$ 和 $\varepsilon_t = (\varepsilon_{1t}, \cdots, \varepsilon_{Nt})$ 三个变量均表示随机干扰项。W 表示进行空间计量分析所选用的空间权重矩阵，ρ 和 λ 为反映变量之间空间相关程度的自相关系数。当 $\delta \neq 0$、$\psi_{it} \neq 0$ 时，上述模型即为动态空间面板数据模型。

　　下面将采用具有较强内生性的经济协动空间权重矩阵 W^* 开展相关空间计量分析。W^* 是协动空间权重矩阵 W 与地区工业产值比重对角矩阵的乘积，它能够很好地反映地区间的经济联系和互动关系。前面已对其计算方法进行了详细说明，这里不再赘述。通过参考其他相关研究文献，拟选用以下指标作为河南省工业绿色增长源泉的解释变量进行影响因素分析：FDI 水平、技术创新能力、产业结构（SI，用第二产业产值占 GDP 比重表示）、基础设施水平、对外开放水平、污染治理水平（PCL，用污水集中处理率表示）。上述变量数据均来自相应年份的《河南统计年鉴》或省辖市统计年鉴。

　　（二）空间面板数据模型的选择

　　在进行河南省工业绿色增长源泉影响因素分析时，首先要利用模型的 Moran 指数检验与 LM 检验（LMerr、LMlag 以及 R - LMerr、R - LMlag）来进行模型的选择。为了对河南省工业绿色增长源泉影响因素进行准确分析，从而得到可靠结论，下面将利用以上检验方法开展动态面板数据模型的空间相关性检验，检验结果见表 6 - 13。

表 6 - 13　动态空间面板数据模型的空间相关性检验

模型因变量	指标	Moran 指数	LMerr	LMlag	R - LMerr	R - LMlag
环境技术进步	检验值	0.149	6.557	0.001	6.694	0.137
	P 值	0.003	0.010	0.977	0.010	0.711
环境技术效率	检验值	0.057	0.684	1.900	0.948	2.164
	P 值	0.042	0.408	0.018	0.330	0.004
环境管制	检验值	0.023	0.038	0.020	0.047	0.029
	P 值	0.010	0.044	0.887	0.027	0.864
产业环境结构	检验值	0.122	2.359	1.248	2.029	0.918
	P 值	0.016	0.025	0.264	0.041	0.338

由表 6 – 13 结果可以看到，四个模型的 Moran 值均大于 0，且都通过了 5% 的显著性检验，这一结果表明上述四个模型均存在显著的空间相关性。环境技术进步、环境管制和产业环境结构影响因素模型的 LMerr（R – LMerr）值至少在 5% 的显著性水平上比 LMlag（R – LMlag）值显著。这一结果说明对上述三个变量影响因素的分析采用动态空间误差模型效果会比较好。环境技术效率影响因素模型的 LMlag（R – LMlag）值在 5% 的显著性水平上都比 LMerr（R – LMerr）值显著，说明对环境技术效率影响因素的研究采用动态空间滞后模型比较合适。

（三）空间计量结果分析

根据模型的 Moran 指数和 LM 检验结果，下面除对环境技术效率贡献的工业增长采用空间滞后模型进行回归外，其余变量引致的工业增长均采用空间误差模型进行回归检验，回归结果见表 6 – 14。

表 6 – 14　河南省工业绿色增长源泉的影响因素回归结果

模型因变量	变量	无固定效应	空间固定效应	时间固定效应	时空固定效应
环境技术进步	α	1.307***			
	δ	-0.107	-0.203***	-0.068	-0.175***
	β_{FDI}	-0.643	1.142	-0.742	0.162
	β_{RD}	-6.203	6.472***	-6.211	5.722*
	β_{SI}	-0.083	2.317***	-0.036	2.323***
	β_{INF}	-0.001	-5.711	0.001	-9.918
	β_{OPE}	0.079	0.011	0.087	0.028
	β_{PCL}	-0.071	-0.095	-0.170	-0.144
	λ	0.989*	0.988**	-0.989**	-0.989*
	$\bar{R}^2$	0.121	0.481	0.256	0.488
	σ^2	0.010	0.006	0.009	0.006
	log – likelihood	45.549	59.474	49.625	59.825

续表

模型因变量	变量	无固定效应	空间固定效应	时间固定效应	时空固定效应
环境技术效率	α	1.422 ***			
	δ	− 0.347 **	− 0.418 **	− 0.356	− 0.414 ***
	β_{FDI}	0.162	− 9.910	0.216	− 1.639 **
	β_{RD}	4.892	− 8.841	5.111	4.254
	β_{SI}	− 0.339	− 1.336	− 0.363 ***	− 1.862 ***
	β_{INF}	− 0.007	− 18.203	− 0.006	2.256 ***
	β_{OPE}	− 0.080	− 0.079	− 0.086	− 0.167
	β_{PCL}	0.004	0.250	0.038	0.158 **
	ρ	0.718 **	− 0.999 **	0.760	− 0.999
	$\bar{R}^2$	0.286	0.603	0.304	0.632
	σ^2	0.006	0.003	0.006	0.003
	log − likelihood	60.152	75.996	58.818	78.081
环境管制	α	0.862 *			
	δ	0.074	0.023	0.075	0.029 ***
	β_{FDI}	0.687	5.603	0.755	0.267
	β_{RD}	0.983	− 33.767	1.150	− 1.481 **
	β_{SI}	0.076	0.432	0.062	5.735 **
	β_{INF}	0.005	4.815	0.006	− 0.440
	β_{OPE}	0.001	0.344	− 0.012	7.086
	β_{PCL}	0.019	0.115	0.013	− 0.159 **
	λ	− 0.989 **	− 0.989 *	− 0.989	− 0.989
	$\bar{R}^2$	0.043	0.281	0.087	0.334
	σ^2	0.010	0.007	0.009	0.007
	log − likelihood	47.280	55.049	48.635	57.168

续表

模型因变量	变量	无固定效应	空间固定效应	时间固定效应	时空固定效应
产业环境结构	α	0.649**			
	δ	0.354***	0.051	0.404**	0.148***
	β_{FDI}	-0.612	2.018	-0.484	9.264
	β_{RD}	5.830***	-18.035	6.115***	2.166**
	β_{SI}	0.099	-0.546	0.054	-0.113***
	β_{INF}	-0.032	3.074	-0.034	7.010
	β_{OPE}	-0.173	-0.143	-0.182	-0.053
	β_{PCL}	-0.064	-0.329	0.011	0.205
	λ	0.989**	-0.989**	-0.402	-0.989**
	$\bar{R}^2$	0.265	0.643	0.352	0.681
	σ^2	0.005	0.002	0.005	0.002
	log-likelihood	63.504	82.826	66.608	85.853

注：*、**、*** 分别表示相关变量通过了1%、5%、10%显著性水平检验。

各模型的空间自相关系数（ρ 和 λ）至少通过了5%的显著性检验。这说明河南省工业绿色增长源泉具有较强的空间关联性，这样更能真实地反映变量之间的内在联系。模型的无固定效应意味着各地区的绿色增长源泉都没有差异，并且它们不会随时空的变化而发生变化，显然这与实际情况不符。通过比较其他三种固定效应的回归结果可以发现，时空固定效应模型的 R^2、log-likelihood 在四种效应模型中是最大的，同时 σ^2 是最小的，δ 是显著的，表明时空固定效应模型的回归结果比较好。这同时也意味着在进行空间面板回归时，需要同时考虑个体差异和时间变化对个体异质性的影响，只考虑其中一个方面会导致估计结果出现偏差。通过比较 $\bar{R}^2$、log-likelihood、σ^2 可以发现，四个工业绿色增长源泉影响因素的空间固定效应回归结果要优于时间固定效应回归结果，这反映出个体异质

性对环境技术进步、环境技术效率、环境管制和产业环境结构影响
因素模型回归结果的影响比时间变化更大。

　　下面用时空固定效应模型回归结果来解释各变量对工业绿色增
长源泉的影响。先看 FDI 对环境技术进步的影响。FDI 对地区环境
技术进步的影响是通过技术扩散来实现的，FDI 技术扩散特别是核
心技术的成功扩散必须以本地拥有一定的吸收能力为前提，这样本
地区才能成功地消化、吸收外国先进技术并进行创新。FDI 对河南
省环境技术进步产生不显著的正向效应，这说明 FDI 给河南带来的
节能环保类技术较为有限，且河南省较低的技术吸收能力也限制了
FDI 环境技术外溢效应的发挥。技术创新能力对环境技术进步有着
十分显著的促进作用。这主要是因为近年来河南省大力实施了创新
驱动发展战略，突出了企业创新主体地位，通过加大研发投入和建
立协同创新中心、开发节能环保新技术和新装备，有效提高了河南
的环境技术水平。产业结构对环境技术进步有较显著的正向影响。
这主要是因为与农业相比工业的技术装备较为先进，代表了地区的
整体技术水平。因此，工业化过程既是经济总量不断增长的过程，
也是经济结构优化和技术进步的过程。基础设施水平、对外开放水
平和污染治理水平对环境技术进步均没有显著影响。

　　就各因素对环境技术效率影响的回归结果来看，FDI 对环境技
术效率提升有显著的阻碍作用。这说明河南省近年来通过大力引进
外商直接投资弥补了地区资金、技术和管理的不足，但同时环境污
染和资源压力向本地区转移，这在一定程度上使河南省成为"污染
避难所"而降低了环境技术效率。工业比重对环境技术效率有显著
负向影响。这表明，河南省工业发展总体上是粗放型的，高消耗、
高污染的工业发展会造成显著的环境效率损失。基础设施水平和污
染治理水平都对环境技术效率提升产生明显促进作用，这是因为基

础设施和生态环境的改善为工业企业的生产经营提供了良好的外部环境，从而有利于企业生产效率的提高。除上述因素外，其他变量对环境技术效率均没有产生显著影响。

就环境管制来看，仅有技术创新能力、产业结构和污染治理水平对其产生了显著影响。技术创新能力的提高可以帮助工业企业走集约型发展之路，从而提高工业增长的质量和效益，降低以环境污染为代价的产出水平。工业比重的提高会提升以环境污染为代价的产出水平，这除了与河南省工业总体上采取的粗放式发展模式有关外，一些地区对工业污染惩治措施的偏软和低效也是造成这一结果的重要原因。另外，污染治理水平越高，说明环境管制越严厉，从而以环境污染为代价的产出水平就会有所下降。

在所有影响因素中，仅有技术创新能力和产业结构对产业环境结构产生了显著影响。技术创新对产业环境结构之所以能够产生正向影响，主要是因为技术创新会对传统产业进行改造升级，同时会造就一批新的集约型发展的产业部门，再加上产业关联效应的作用，会使地区产业环境结构持续改善。工业比重与产业环境结构呈反向变化关系，这说明河南省的粗放型工业部门所占的比重过高，河南省工业转型发展的任务较为艰巨。

第三节　河南省安阳市工业发展绩效分析

2011年"加快中原经济区建设"国家战略的制定和实施，为河南省经济社会发展提供了重要的战略机遇。作为中原经济区豫北重要战略支点和全省重要工业基地的安阳，在中原经济区建设中的地位举足轻重。研究评价安阳市工业经济增长的源泉、效率及如何促进安阳市工业经济发展方式转变，实现可持续发展等问题，对于建设资源节约型、环境友好型社会，加快安阳新型工业化进程，促进中原崛起和河南振兴具有重大的现实意义。有鉴于此，下面拟以2004～2010年安阳市各县（市）区的工业经济增长为样本进行绿色增长核算，以探讨实现地区工业可持续发展的路径。

为了便于分析和比较，这里将安阳市所辖各区统称为市区，这样安阳市下辖的县（市）区总共有6个，即市区、林州市、安阳县、汤阴县、滑县和内黄县。模型涉及的变量包括：各地区期望产出水平用工业增加值表示，非期望产出为"三废"，分别用工业废水排放量、工业 SO_2 排放量及工业固体废物产生量表示；投入要素为物质资本投入、劳动力和能源消耗；选取工业固定资产净值年平均余额度量资本投入，用工业从业人员数度量劳动力投入，用工业单位 GDP 能耗度量能源消耗。以上相关数据均来自历年《安阳统计年鉴》，并以2004年为基期对各年工业增加值和固定资产净值年平均余额进行折算。

一 安阳市工业环境全要素生产率的测算及分析

为研究安阳市各地区全要素生产率的动态变化并探究其成因，利用GAMS 软件对6个县（市）区考虑能源投入和环境污染前后的 Malmquist 指数、技术效率指数及技术进步率指数进行了测算，结果见表6－15。

表 6－15　2004～2010 年安阳各地区 Malmquist 指数及其构成估算结果

时期	环境 Malmquist 指数	Malmquist 指数	环境技术效率指数	技术效率指数	环境技术进步指数	技术进步指数
2004～2005 年	0.899	0.845	0.989	0.971	0.968	1.012
2005～2006 年	1.015	1.057	1.010	1.016	1.014	1.036
2006～2007 年	1.226	1.199	1.165	1.111	1.053	1.079
2007～2008 年	1.084	1.098	0.976	0.99	1.110	1.11
2008～2009 年	0.808	0.571	1.001	1.064	0.807	0.537
2009～2010 年	0.989	1.653	0.879	0.919	1.126	1.800
平均	1.004	1.071	1.003	1.012	1.013	1.096

　　由表 6 - 15 可以看到，安阳市工业环境 Malmquist 指数及其构成与传统 Malmquist 指数及其构成表现出大致相同的变化趋势，即 2004 ~ 2007 年呈现上升趋势，而 2007 年以后总体呈下降趋势。在这个过程中，技术进步变化幅度较大，而技术效率的变化幅度则比较小。具体来看，2004 ~ 2007 年为环境 Malmquist 指数增长期，平均增长率为 4.67%，其中环境技术进步平均增长率为 1.17%，环境技术效率平均增长率为 5.47%。在这段时期技术效率对全要素生产率的提高起了主要推动作用。2007 ~ 2010 年为环境 Malmquist 指数下降期，由于 2009 ~ 2010 年的环境技术进步指数出现较大幅度提升，2009 ~ 2010 年的环境全要素生产率下降幅度有所减缓。

　　下面对考虑能源投入和环境污染前后的 Malmquist 指数、技术效率指数及技术进步指数的变化进行比较分析。在考虑能源、环境约束条件下，安阳各地区的工业全要素生产率增长率平均为 0.4%，其中环境技术效率增长率为 0.3%，环境技术进步增长率为 1.3%，可见全要素生产率的改善主要由技术进步推动。在不考虑能源、环境约束条件下，安阳各地区的工业全要素生产率增长率平均为 7.1%，其中技术效率增长率为 1.2%，技术进步增长率为 9.6%，全要素生产率的改善仍然由技术进步推动。这说明无论是否考虑能源、环境因素，技术进步都是推动地区全要素生产率提高的主要因素。

　　另外，2004 ~ 2010 年考虑能源、环境因素的 Malmquist 指数、技术效率指数和技术进步指数平均为 1.004、1.003 和 1.013，而不考虑能源、环境因素的相应指标值为 1.071、1.012、1.096，即考虑能源、环境因素后的 Malmquist 指数及构成均低于不考虑能源、环境因素的相应测算结果，这说明忽略能源、环境因素的相关测算高估了地区工业全要素生产率的增长。这一结论同时也说明了环境污染会造成了较大的效率损失，不考虑环境污染这一非期望产出所进行的经济增长效率评价是不真实的，考虑环境因素会使评估更加科学、合理。

表 6 - 16 给出了 2004 ~ 2010 年安阳各地区平均 Malmquist 指数及其构成的估算结果。各地区的各项平均指标除环境技术效率指数为 1，没有实现增长外，其他指标均实现了不同程度的增长。具体来看，在不考虑能源投入和环境污染时，只有市区和内黄县的全要素生产率出现了下降，而其他地区均实现了增长。其中，增长最快的是汤阴县，平均增长率为 20.4% ；增长最慢的是滑县，平均增长率为 11.4% 。这种变化主要是由各地区技术进步指数出现了较大幅度的上升和下降所致。

由表 6 - 16 可以看到，考虑能源投入和环境污染后，大多数各地区的指标值小于其传统指标值，并且全要素生产率的增长仍主要由技术进步推动，这和前面的分析是一致的。在考虑能源、环境因素后，市区和内黄县的全要素生产率虽仍在下降，但幅度有所趋缓，说明这些地区已开始重视环境因素给工业发展带来的影响，生产的环境效率在不断改善。其中，市区在采用环境友好型技术方面没有太大突破，但能够充分利用现有技术来提高环境技术效率，使其实现 0.2% 的增长；内黄县的环境技术效率较低，但其在开发和应用环保生产技术方面有所进步，从而两地区的全要素生产率下降幅度减小。在考虑能源、环境因素后，林州市的环境技术效率指数和环境技术进步指数与传统值相比均出现下降，从而使其环境全要素生产率指数显著下降，由 1.170 下降为 0.972。这主要是因为林州市钢铁、铸造及铝电企业较多，且生产工艺较为落后，生产方式粗放，造成了其经济发展的资源、环境代价过大，处于工业增长与环境保护的失衡状态。安阳县、汤阴县和滑县的全要素生产率在考虑能源、环境因素后也实现了增长。其中，汤阴县仍然是增长最快的，增长率达到29%，并且高于不考虑能源、环境因素的20.4%的水平。汤阴县所呈现的工业发展和环境保护相协调的状况与该县重点发展食品、医药等低耗能、低污染的产业密不可分。在考虑能源、环境因素后，安阳县和滑县的技术进步指数显著下降，从而使其环境全要素生产率指数低于传统值。这主要是因为安阳县的钢铁、焦化产业及滑县的化工产业在其地区经济发展中占据重要位置，但两地治理环境污染的技术水平相对较低，从而导致其环境效益不高。另外，考虑能源投入、环境污染的 Malmquist 指数标准差与传统值的标准差相比略大，这说明能源、环境因素对地区间全要素生产率差异存在一定的影响，而这种影响主要通过地区间技术进步的差异来施加的。

表 6 – 16　2004 ~ 2010 年安阳各地区平均 Malmquist 指数及其构成估算结果

地区	环境 Malmquist 指数	Malmquist 指数	环境技术效率指数	技术效率指数	环境技术进步指数	技术进步指数
市　区	0.966	0.955	1.002	0.983	0.964	0.972
林州市	0.972	1.170	0.967	1.000	1.005	1.170
安阳县	1.126	1.173	1.000	1.000	1.126	1.173
汤阴县	1.290	1.204	1.139	1.079	1.133	1.115
滑　县	1.006	1.114	1.037	1.051	0.970	1.060
内黄县	0.798	0.789	0.876	1.000	0.911	0.789
平　均	1.015	1.056	1.000	1.018	1.015	1.037
标准差	0.166	0.163	0.086	0.037	0.091	0.147

二　安阳市工业经济增长源泉的分解及效率评价

依据基于方向性距离函数的 DEA 与 ML 生产率指数方法计算结果，对安阳各地区的工业经济增长进行四重分解，结果见表6–17。

表 6-17　安阳各地区工业增长的四重分解结果（2004～2010 年）

地区	工业劳动生产率	环境全要素生产率	环境技术效率	环境技术进步	投入要素	资本深化	能源消耗
市　区	0.220	-0.035	0.002	-0.037	0.255	0.196	0.059
林州市	0.327	-0.029	-0.034	0.005	0.356	0.290	0.066
安阳县	0.285	0.119	0.000	0.119	0.166	0.091	0.075
汤阴县	0.379	0.255	0.130	0.125	0.124	0.072	0.052
滑　县	0.201	0.006	0.036	-0.030	0.195	0.150	0.045
内黄县	0.428	-0.226	-0.132	-0.093	0.654	0.611	0.043
平　均	0.307	0.015	0.000	0.015	0.292	0.235	0.057

2004～2010 年，安阳各地区的工业劳动生产率均实现了较大幅度增长，平均增长率达到 30.7%，其中内黄县增长最快，增长率为 42.8%，滑县增长最慢，增长率为 20.1%。

从环境全要素生产率对工业生产的影响来看，安阳县、汤阴县和滑县的环境全要素生产率都对本地区工业生产的增长起到了促进作用，而市区、林州市和内黄县的环境全要素生产率则出现了恶化，从而阻碍了其地区工业的增长。具体来看，林州市和内黄县的环境技术效率均出现了恶化，从而阻碍了工业劳动生产率的提高，其引致的工业劳动生产率分别下降了 3.4% 和 13.2%。安阳县的环境技术效率没有对工业劳动生产率变化产生影响。除此之外，其他地区的环境技术效率都出现不同程度的改善，从而促进了劳动生产率的提高。市区、滑县和内黄县的环境技术进步出现了倒退，从而阻碍了劳动生产率的提高，其引致的工业劳动生产率分别下降 3.7%、3%和 9.3%，而其他地区技术水平的提高都促进了劳动生产率的增长。

从投入要素来看，资本深化对各地区工业劳动生产率的提高都起到了显著促进作用，其引致的劳动生产率平均增长 23.5%，其中内黄县的增长率最高，达到 61.1%，汤阴县的增长率最低，仅为 7.2%，地区差异较大。能源消耗对各地区工业劳动生产率的提高也起到了一定的推动作用，其引致的劳动生产率平均增长 5.7%，远低于资本深化的作用。同时还可以看到，能源所贡献的劳动生产率增长率的地区差异较小，增长率最高的安阳县和增长率最低的内黄县仅相差 3.2 个百分点。

总体比较环境全要素生产率和投入要素对产出增长率的贡献可知，安阳市工业经济增长主要靠要素投入推动，其引致的劳动生产率增长率平均为 29.2%，占据约 95% 的贡献份额，而环境全要素生产率拉动工业增长的贡献份额仅为 5%。在所有地区中仅有汤阴县的环境全要素生产率对工业增长的贡献超过了投入要素，环境全要素生产率和投入要素的贡献额分别为 67.3% 和 32.7%。

由上述分析可知，总体来看，安阳市的工业经济增长仍然是要素驱动型的，工业增长主要靠要素投入的增加来拉动，全要素生产率对经济增长的贡献较小，工业经济增长体现出显著的粗放型特征，这与全省的工业发展总体情况基本是一致的。安阳市钢铁、化工、水泥、印染企业比重大，技术装备较为落后，规模化程度低，结构布局不合理，从而导致工业发展的低效率。

第四节　地区工业绿色化发展绩效提升路径分析

通过对全国、河南省及安阳市工业发展绩效的测算和分析发现，要素投入依然是中国地区工业增长的主要驱动因素，环境全要素生产率对工业产出的贡献还比较小。同时还发现，加大 R&D 投入、提高技术创新能力、引进优质 FDI、加强工业污染治理、实现绿色化发展能够有效地提高地区工业环境全要素生产率和工业发展绩效。这些研究结论具有重要的政策含义。

第一，通过鼓励创新来实现创新驱动发展，以提高地区工业环境全要素生产率和工业增长质量，从而促进地区经济的全面协调可持续发展。

要提高地区工业增长效率，实现工业的绿色化发展，就必须降低要素投入对产出的贡献率，提高技术创新、技术水平和管理效率等非投入因素对产出的贡献。要实现这一目的，取决于创新，包括技术创新、体制创新、管理创新、组织创新等方面。创新是发展的原动力，是实施供给侧结构性改革的关键突破口。要实现地区经济快速发展，就必须坚定不移地实施创新发展战略，让创新成为引领发展的第一动力。当前，中国省区工业发展总体形势良好，发展方式也正由以要素驱动为主向以创新驱动为主转变。近年来，各地区自主创新能力获得较快提升，创新主体规模不断扩大，创新投入持续增加，创新能力不断增强。但应该看到，很多省区目前只是创新大省而非创新强省。这主要表现为创新质量不高、有利于创新的制度体制和文化氛围还未形成、高层次的创新人才严重缺乏。

为此，要提高省区的自主创新能力，实现工业绿色化发展，首先，各地区应加快企业协同创新中心和产业技术创新战略联盟的创建，形成完备的多层次技术创新体系，打造协同创新和创业孵化平台。要采取多种有效措施引导企业、高校、科研单位开展产学研协同创新活动，联合开发新技术新产品，不断提升企业自主创新能力。其次，为了保证科技成果得以顺利转化，尽快产生经济和社会效益，需要政府构建普惠性创新支持政策体系，在技术研发、成果转化等方面给予企业财政、信贷支持，帮助企业拓宽 R&D 和技术创新的融资渠道，引导社会资金投向技术创新及其产业化。再次，要加快改革步伐，革除各种妨碍创新、创业和技术扩散的体制机制，同时，在全社会营造尊重知识、尊重人才、崇尚创新的文化氛围，为创新创业提供良好的外部环境。另外，一些地区的工业环境技术效率之所以较低，很大程度上是由于本地企业所采用的技术设备和生产工艺太落后，在生产中能源消耗多，环境污染重，从而造成了极大的经济效率损失。因此，要提高地区工业绿色增长绩效，还必须下大力气对企业现有的技术设备和工业流程进行改造升级。

第二，坚持绿色化发展理念，切实实现传统工业的转型升级并寻找新的工业发展战略支撑点。

要从长远出发，坚决摒弃以环境换发展的做法；树立环境无小事、环境就是生产力、环境就是民生的思想，增强在节约资源、保护环境的前提下实现经济又好又快发展的自觉性。要加快淘汰落后产能，坚决禁止高耗能、高污染企业的低水平重复建设。中国各省区的传统产业有一定的发展基础，但还存在绿色化、规模化和集群化发展程度低的问题。为了实现地区工业的绿色化发展，必须加快这些传统产业的转型升级。相关政府管理部门必须在这方面履职尽责，要尽力帮助并督促有较大发展空间和较好发展前景的行业的转型升级，对于发展前景较差、国家禁止的行业，要坚决予以淘汰清除。要依据产业未来发展方向和国家产业导向，严格项目的立项审批程度，特别是要严格把关项目测评环节，提高产业和企业的环境准入门槛，坚决遏制一些产出效率低、环境破坏严重的夕阳行业的盲目发展，以防止落后产能挤压先进产能，从而为先进产业腾出更多的发展空间。

新型工业化是推动经济社会发展的重要力量。坚持工业的绿色发展、可持续发展实际上就是走新型工业化道路。为此，要根据当前社会生产和生活消费的新趋势，利用新技术、新工艺，对传统产业进行改造升级，实现高质高效的绿色化生产。要加快发展低碳经济，加强低碳技术的研发应用，采取切实措施支持、鼓励企业采用先进的工艺、技术和设备，提高生产效率和管理水平。同时，政府要为企业进行技术改造提供多种优惠政策，特别是要加大财政和税收方面的支持力度，切实减轻企业走绿色发展之路的经济负担。同时，各地区还要根据产业发展的新动向，从本地实际出发，充分挖掘优势资源，积极培育战略性新兴产业。战略性新兴产业是当前国际竞争的焦点，率先把握住战略性新兴产业就能获得核心竞争力、引领新发展。地区工业要获得更广阔的发展空间和占有更多的竞争优势，就必须打造独特的多层次的战略性新兴产业。为此，各地区必须要依靠创新引领、龙头带动、政策支持来发展核心技术，建立产业集聚基地，促进地区工业向绿色化、智能化、集群化方向发展，以实现产业结构的战略性调整，从而提升地区新型工业化发展水平。

第三，积极采取多种有效举措引进优质 FDI，充分发挥 FDI 的技术溢出效应和产业结构优化效应，避免环境污染和效率损失。

引进 FDI 可以解决地区发展资金不足的问题，同时也可以获得一定的技术和管理的外溢效应以及产业结构的优化效应。技术和管理是促进经济快速发展的重要因素。只依靠地区本身的研发来实现技术创新和技术水平提升，时间长、投资大、风险大，而引进 FDI 则可以在一定程度上解决这一问题。因此，FDI 已成为提高地区技术水平的一个重要途径。跨国公司具有先进的技术水平和高效的组织管理系统，这一优势的发挥主要在于对人力资本的开发和利用上。跨国公司为了自身发展，会对地区人力资本进行开发利用，同时也会对本地技术和管理人员进行相关培训，这无疑会提升地区的技术和管理水平。引进 FDI 不仅会拉动地区经济增长，同时也会带来一定的产业结构优化效应。技术进步是促进地区产业结构优化升级的重要力量。跨国公司拥有国际先进技术，往往投资于高端产业，具有很强的集聚效应、规模效应和产业关联效应，这些效应的发挥无疑会对提升地区产业水平、改善地区产业结构起到很大的促进作用。

尽管 FDI 会给中国经济发展带来正向影响，但其负面效应也不可忽视。许多学者研究发现，FDI 与地区环境污染存在一定的联系，这主要是由于一些 FDI 投入了污染密集型产业，随着投资额的增加，污染也呈现加剧趋势。例如，FDI 在河南造成了较严重的环境污染，从而导致地区环境技术效率下降。因此，为了充分发挥 FDI 的正向作用，减少负面影响，相关部门在引进 FDI 时必须立足于本地区域发展方向、产业布局规则、基础设施情况等实际因素，在坚持战略性、协调性、绿色化的原则下，确定引进对象。同时，各地区也要加强对引进外资的引导及监管。要采取多种鼓励政策和限制措施优化利用外资结构，提高 FDI 的引入质量。鼓励外资投向高技术产业、现代服务业和节能环保产业，创造有利于 FDI 发挥正向溢出效应的各种条件，以带动地区产业结构转型升级。另外，还要加强对引进的外资项目的跟踪、监督和管理，通过制定科学标准，客观评价其产生的经济效益、社会效益和环境效益。

第四，进一步加强基础设施建设和生态环境治理，充分发挥其对地区经济发展的良好外部效应。

基础设施是保障地区经济社会平稳发展和提高人民生活水平、增进人民福祉的基础条件，便利的现代化基础设施可以降低生产成本，提高经济效益，产生较大的外部经济效应，为地区经济发展提供新支撑。要搞好基础设施建设，必须首先从本地实际出发，进行科学的论证和规划，既要考虑前瞻性，又要注重全局性，努力构建功能完善、安全高效的现代化基础设施体系，从而为地区经济转型发展和可持续发展提供强有力的保障。同时，各相关部门要上下协调、左右联动，开辟绿色通道，简化基础设施建设项目的审批流程，加快项目建设速度，提高项目建设质量。另外，为了保证基础设施建设资金的供给，各地区还应加快推广运用 PPP 模式，推动基础设施建设的投融资机制创新。

要实现工业的转型发展，提高工业效率，还必须加强工业污染治理，注重地区生态环境建设。首先，需要改变重增长轻环保的观念，切实增强生态环境保护的意识，使之成为一种自觉行为。其次，要进一步加大节能减排的力度，大力发展循环经济，培育低碳化、绿色化的新经济增长点。要加强资源节约和循环高效利用，实行能源总量和强度的"双控制"，加快淘汰高耗能的工艺装备和产品，鼓励企业采用新工艺、新技术实现绿色清洁生产。再次，要建立健全中国跨区域污染治理协调机制，创新污染治理的体制机制和管理模式，提高污染治理的管理水平。工业污染问题成因复杂、涉及部门多、治理周期长，解决起来难度大，因而要提高治理效率就必须坚持协同创新、统筹协调和综合治理的方针，逐渐建立一种以政府为辅、以市场为主、公众广泛参与的跨区域工业污染治理协调机制，以提升工业污染治理项目管理的科学化、规范化水平。最后，要加强生态环境监管，实行最严格的环境保护制度、环境污染责任追究制度，要积极完善并落实生态环境修复制度，用制度的力量来有效保护生态环境。要根据经济社会的发展趋势和生态环境的变化情况，因地制宜地制定和完善相应的生态环境保护法规及标准，建立健全生态环境保护的各种指标体系和监控系统，加大环境保护的执法力度。要自上而下建立环境治理的督察制度，使之长期地贯彻执行下去，对产生环境污染和破坏生态环境的单位和个人要进行约谈，造成严重后果的要严加惩处，绝不姑息。同时要通过界定资源产权归属，建立完善排污权交易制度，将资源能源节约利用成效与生态环境改善情况纳入企业评价和政府政绩考核体系，实行环境污染生态破坏的一票否决制，以此来健全资源环境管理和评价制度，以实现经济发展与环境保护的双赢。

第七章

政策启示

一　中国省区绿色增长源泉核算研究政策含义

本书利用绿色经济增长核算框架，将中国省区产出增长分解为环境技术进步、环境技术效率、环境管制、产业环境结构和要素投入五个部分，分析了它们对经济增长的贡献。其政策含义是：一方面，各地区要进一步深化改革，破除经济发展中的各种体制机制障碍，坚持绿色发展，加快技术创新，优化资源配置，提高环境全要素生产率，特别是要提高中西部地区的环境全要素生产率，为地区经济发展提供持久动力，以实现区域经济的协调可持续发展；另一方面，各地区要摒弃以环境换发展的观念，加大环境污染的整治力度，充分发挥良好生态环境对经济发展的外部效应。同时各地要积极调整优化产业结构，大力发展有良好发展前景和巨大市场潜力的节能环保产业，为经济的转型发展积蓄后劲。

二　中国省区绿色增长源泉的空间收敛性研究政策含义

本书利用空间收敛检验方法检验了各经济增长源泉的空间收敛性及其对中国省际经济差距的影响，研究结论具有很重要的政策含义。一是国家为了缩小地区经济差距，在增加中西部省区要素投入的量，实现"投入平衡"的同时，还应注重提高要素投入效率，特别是要着力提高环境全要素生产率，缩小省际环境全要素生产率差距。近年来，中国省区经济增长以及省际经济差距的缩小，"投入平衡"功不可没。但随着社会的发展、科技的进步，要素投入对经济增长的贡献必定会让位于全要素生产率，到那时，靠"投入平衡"缩小地区经济差距将不会再有太大实效，省际的环境全要素生产率差异将决定着省际经济增长差距。为此，为了实现中国省区经济的协调可持续发展，各省区特别是落后省区必须要进一步深化改革，破除经济发展中的各种体制机制障碍，坚持创新发展，绿色发展，协调发展，着力提高地区环境全要素生产率，为地区经济可持续发展提供持久动力。二是各地区要立足本地实际，不断调整和优化产业结构，积极培育战略性新兴产业，寻求地区经济转型发展的突破口。同时也要注意加强生态环境保护，不断健全生态环境的管理制度，将生态环境改善情况纳入企业考核和政府政绩评价中。当前，中国不少省区甚至包括一些东部省区的产业转型升级缓慢，产业产出效率低下，部分省区甚至为了追求眼前经济增长放松了对环境的管制，只要 GDP，不要绿色 GDP。这种短视行为或可以实现经济的一时增长，但在当前资源、环境压力日益加大，国家强调"供给侧改革"，并越来越重视提高经济发展的质量和效益的大背景下，这一行为将难以为继，未来经济增长最终还是要回归到发展新技术、发展新产业、全面提高环境全要素生产率上来。

三　中国省区绿色增长源泉对地区经济差距影响效应研究政策含义

本书分别利用核密度法、动态空间模型、脉冲响应及方差分解方法检验了各增长源泉对中国省际经济差距的影响效应。通过分析可知，当前，要素投入在促进中国省区经济增长、缩小省际经济差距方面具有较为显著的成效。为了更好地发挥要素投入的这一功能，国家在适度扩大中西部地区投资规模的同时，应更注重投资的方向、质量和效益，将有限资本投入发展前景好、关联性强、带动性强的行业和领域，以提高投资的精准性、有效性，从而助推地区经济的稳定增长和结构的有效调整。中西部地区要进一步深化各领域改革，革除制度体制方面的障碍，为技术创新、管理创新、业态创新和产品创新提供良好的外部环境和条件，以切实提高地区的环境全要素生产率，为经济的持续、快速、高效增长积蓄后劲。另外，各地区还要牢固树立"绿水青山就是金山银山"和环境就是民生的思想，坚决摒弃以环境换发展的短视行为，加大化解过剩产能、整治环境污染和构建绿色循环低碳产业体系的力度，充分发挥好良好生态环境对经济发展的外部效应，努力实现经济发展和环境改善的双赢。

四　中国省区绿色增长源泉影响因素研究政策启示

　　本书研究表明，要素投入是拉动中国经济增长的主要动力。因而，在适度增加地区投资规模的同时，要瞄准方向和需求，注重投资的精准性和有效性。研究发现，环境全要素生产率也是促进中国经济快速增长的一个重要因素。为此，要提高经济增长效率，必须重视研发和技术创新。国有企业是中国研发投入和科技创新的主力军，必须要进一步完善其技术创新体系，降低研发成本，提高创新效率。在发展过程中，各地区还应注重加快基础设施建设步伐，加大环境整治力度，扩大对外开放程度，为吸引资金投入，加快技术进步，提高技术效率提供良好的软环境和硬环境。环境管制和产业环境结构对地区经济发展也具有重要影响。近年来，一些地区通过承接产业转移和吸收 FDI，在一定程度上提高了技术和管理水平，促进了地区经济发展，但同时也带来了严重的环境问题，从而导致地区产业环境结构的恶化。因此，各地区在发展中必须要重视生态环境建设，坚决摒弃"以环境换发展"的观念，在坚持绿色发展理念和实施硬的环境约束下实现地区产业结构的转型升级和区域经济的可持续发展。

通过面板平滑转换模型的分析可以看到，很多因素会通过所有制结构即国有企业或国有控股企业产值比重来影响经济增长源泉。这一点并不难理解，这是因为国有企业是中国国民经济的支柱，其经济活动必然会对整个社会生产产生重大影响。国有企业作为经济社会平稳运行的重要依托在提升地区经济实力和公共财政能力、优化地区经济结构方面功不可没，但其存在的企业产权和组织结构问题以及粗放型的发展方式也给社会经济发展带来了不良影响。因而要发挥好各种因素对经济增长的促进作用，就必须解决好国有企业的改革和发展问题，即改革产权制度，完善组织结构，提高管理效率和创新效率，坚持集约发展、绿色发展之路的问题。这些问题解决好了，随着国有企业的发展，各种因素就会在促进经济增长方面发挥更好的功效。

参考文献

中文文献

白雪洁、宋莹:《环境规制、技术创新与中国火电行业的效率提升》,《中国工业经济》2009 年第 8 期。

蔡昉、都阳:《中国地区经济增长的趋同与差异——对西部开发战略的启示》,《经济研究》2000 年第 10 期。

陈超凡:《中国工业绿色全要素生产率及其影响因素》,《统计研究》2016 年第 3 期。

陈诗一:《能源消耗、二氧化碳排放与中国工业的可持续发展》,《经济研究》2009 年第 4 期。

陈旭升、范德成:《中国工业水污染状况及其治理效率实证研究》,《统计与信息论坛》2009 年第 3 期。

陈钊、陆铭、金煜:《中国人力资本和教育发展的区域差异:对于面板数据的估算》,《世界经济》2004 年第 12 期。

褚俊英、陈吉宁、邹骥:《中国城市污水处理厂资源配置效率的比较》,《中国环境科学》2004 年第 2 期。

戴平生:《我国省域工业全要素生产率变动及其影响因素的实证研究》,《中国经济问题》2009 年第 3 期。

邓翔、李建平:《中国区域经济增长的动力分析》,《管理世界》2004

年第 11 期。

董敏杰、李钢、梁泳梅:《中国工业环境全要素生产率的来源分解——基于要素投入与污染治理的分析》,《数量经济技术经济研究》2012 年第 2 期。

傅晓霞、吴利学:《全要素生产率在中国地区差异中的贡献》,《世界经济》2006 年第 9 期。

傅晓霞、吴利学:《中国地区差异的动态演进及其决定机制:基于随机前沿模型和反事实收入分布方法的分析》,《世界经济》2009 年第 5 期。

高红贵:《淮河流域水污染管制的制度分析》,《中南财经政法大学学报》2006 年第 4 期。

高铁梅:《计量经济分析方法与建模》,清华大学出版社,2009。

郭庆旺、贾俊雪:《中国全要素生产率的估算:1979~2004》,《经济研究》2005 年第 6 期。

郭玉清、姜磊:《中国地区经济差距扩散的源泉:资本深化还是效率改进?》,《数量经济技术经济研究》2010 年第 7 期。

郝睿:《经济效率和地区平等:中国省际经济增长与差距的实证分析(1978~2003)》,《世界经济》2006 年第 2 期。

贺胜兵:《考虑能源和环境因素的中国省级生产率研究》,博士学位论文,华中科技大学,2009。

胡晓珍、杨龙:《中国区域绿色全要素生产率增长差异及收敛分析》,《经济研究》2011 年第 4 期。

胡宗义、鲁耀纯、刘春霞:《我国城市基础设施建设投融资绩效评价——基于三阶段 DEA 模型的实证分析》,《华东经济管理》2014 年第 1 期。

黄永春、石秋平:《中国区域环境效率与环境全要素的研究——基于包含 R&D 投入的 SBM 模型的分析》,《中国人口资源与环境》2015 年第

12 期。

匡远凤、彭代彦：《中国环境生产效率与环境全要素生产率分析》，《经济研究》2012 年第 7 期。

李京文、钟学义：《中国生产率分析前沿》，社会科学文献出版社，1998。

李静、孟令杰、吴福象：《中国地区发展差异的再检验：要素积累抑或 TFP》，《世界经济》2006 年第 1 期。

李静：《中国省区经济增长进程中的生产率角色研究》，博士学位论文，南京农业大学，2006。

李兰冰、刘秉镰：《中国区域经济增长绩效、源泉与演化：基于要素分解视角》，《经济研究》2015 年第 8 期。

李玲、陶锋：《中国制造业最优环境规制强度的选择——基于绿色全要素生产率的视角》，《中国工业经济》2012 年第 5 期。

李鹏、张俊飚：《农业生产废弃物循环利用绩效测度的实证研究——基于三阶段 DEA 模型的农户基质化管理》，《中国环境科学》2013 年第 4 期。

李胜、陈晓春：《基于府际博弈的跨行政区流域水污染治理困境分析》，《中国人口·资源与环境》2011 年第 12 期。

李胜文、李新春、杨学儒：《中国的环境效率与环境管制——基于 1986～2007 年省级水平的估算》，《财经研究》2010 年第 2 期。

李小胜、安庆贤：《环境管制成本与环境全要素生产率研究》，《世界经济》2012 年第 12 期。

林毅夫、刘培林：《中国的经济发展战略与地区收入差距》，《经济研究》2003 年第 3 期。

刘瑞翔、安同良：《资源环境约束下中国经济增长绩效变化趋势与原因分析》，《经济研究》2012 年第 11 期。

刘瑞翔：《探寻中国经济增长源泉：要素投入、生产率与环境消耗》，《世界经济》2013 年第 10 期。

刘志迎、张吉坤：《高技术产业不同资本类型企业创新效率分析——基于三阶段 DEA 模型》，《研究与发展管理》2013 年第 6 期。

彭国华：《中国地区收入差距、全要素生产率及其收敛分析》，《经济研究》2005 年第 9 期。

沈可挺、龚健健：《环境污染技术进步与中国高耗能产业——基于环境全要素生产率的实证分析》，《中国工业经济》2011 年第 12 期。

沈坤荣、马俊：《中国经济增长的"俱乐部收敛"特征及其成因研究》，《经济研究》2002 年第 1 期。

沈坤荣：《1978～1997 年中国经济增长因素的实证分析》，《经济科学》1999 年第 4 期。

石风光：《环境全要素生产率视角下的中国省际经济差距研究》，经济科学出版社，2014。

石风光、李宗植：《要素投入、全要素生产率与地区经济差距——基于中国省区数据的实证分析》，《数量经济技术经济研究》2009 年第 12 期。

史修松、赵曙东：《中国经济增长的地区差异及其收敛机制（1978～2009）》，《数量经济技术经济研究》2011 年第 1 期。

唐杰、孟亚强：《效率改善、经济发展和地区差异》，《数量经济技术经济研究》2008 年第 3 期。

天娇、郭清海：《水铝钙石类阴离子黏土在水污染处理领域应用的研究现状》，《环境化学》2013 年第 8 期。

涂正革：《环境、资源与工业增长的协调性》，《经济研究》2008 年第 2 期。

涂正革、肖耿：《环境约束下的中国工业增长模式研究》，《世界经济》2009 年第 11 期。

王兵、吴延瑞、颜鹏飞：《环境管制与全要素生产率增长：APEC 的实证研究》，《经济研究》2008 年第 5 期。

王小鲁、樊纲、刘鹏：《中国经济增长方式转换和增长可持续性》，

《经济研究》2009 年第 1 期。

王志平：《生产效率的区域特征与生产率增长的分解》，《数量经济技术经济研究》2010 年第 1 期。

魏世红：《中国高技术产业技术效率研究》，博士学位论文，大连理工大学。

吴建新：《技术、效率、资本积累与中国地区发展差异》，《数量经济技术经济研究》2009 年第 11 期。

吴振球、王建军、李华磊：《改革开放以来经济增长方式渐进式转换：测度、源泉及其差异》，《数量经济技术经济研究》2014 年第 6 期。

许春莲、张伟、宋乾武：《水污染防治生物处理技术验证评估指标研究》，《中国工程科学》2013 年第 3 期。

颜鹏飞、王兵：《技术效率、技术进步与生产率增长：基于 DEA 的实证分析》，《经济研究》2004 年第 12 期。

杨俊、陆宇嘉：《基于三阶段 DEA 的中国环境治理投入效率》，《系统工程学报》2012 年第 5 期。

杨俊、邵汉华：《环境约束下的中国工业增长状况研究——基于 Malmquist – Luenberger 指数的实证分析》，《数量经济技术经济研究》2009 年第 9 期。

叶祥松、彭良燕：《我国环境规制下的规制效率与全要素生产率研究：1999 ~ 2008》，《财贸经济》2011 年第 2 期。

袁峥、Grant Douglas、Laura Wendling、姜应和：《钛白粉厂废酸渣的表征及在水污染治理中的应用》，《武汉理工大学学报》2010 年第 12 期。

岳书敬、刘朝明：《人力资本与区域全要素生产率分析》，《经济研究》2006 年第 4 期。

张军、吴桂英、张吉鹏：《中国省级物质资本存量估算：1952 ~ 2000》，《经济研究》2004 年第 10 期。

张少华、蒋伟杰：《加工贸易提高了环境全要素生产率吗？——基于

Luenberger 生产率指数的研究》,《南方经济》2014 年第 11 期。

郑京海、胡鞍钢:《中国改革时期省际生产率增长变化的实证分析 (1979~2001)》,《经济学季刊》2005 年第 2 期。

周海炜、唐震:《我国区域跨界水污染治理探析》,《科学对社会的影响》2007 年第 1 期。

朱承亮:《中国地区经济差距的演变轨迹与来源分解》,《数量经济技术经济研究》2014 年第 6 期。

外文文献

Abramovitz, M. , "Resource and Out‐put Trends in the U. S. Since 1870", *America Economics Review*, 1956, 46 (2): 5‐23.

Aigner, D. J. , Chu, S. F. , "On Estimating the Industry Production Function", *American Economic Review*, 1968, 58 (4): 826‐839.

Aigner, D. , Lovell, K. , and Schmidt, P. , "Formulation and Estimation of Stochastic Frontier Production Function Models", *Journal of Econometric*, 1977, 16: 21‐37.

Arellano, M. , and O. Bover, "Another Look at the Instrumental Variable Estimation of Error‐Components Models", *Journal of Econometrics*, 1995, 58 (2): 277‐297.

Barro, R. J. , and Sala‐I‐Martin, X. , "Convergence Across States and Regions", Brookings Paper on Economic Activity, 1991, 5: 78‐83.

Battese, E. , and Coelli, T. , "A Model of Technical Inefficiency Effects in Stochastic Frontier Production for Panel Data", *Empirical Economics*, 1995, 20: 325‐332.

Battese, E. , and Coelli, T. , "Frontier Production Functions, Technical Efficiency and Panel Data: With Application to Paddy Farmers in India", *Journal of Productivity Analysis*, 1992, 3: 153‐169.

Battese, E. , and Coelli, T. , "Prediction of Firm – level Technical Ef-ficiencies with A Generalized Frontier Production Function and Panel Data", *Journal of Econometrics*, 1988, 38: 387 – 399.

Baumol, W. J. , "Productivity Growth, Convergence and Welfare: What the Long – run Data Show", *American Economic Review*, 1986, 76 (5): 1072 – 1085.

Caves, D. W. , Christensen, L. R. , and Diewert, W. E. , "Multila-teral Comparisons of Output, Input, and Porductivity Using Superlative Index Numbesr", *Economic Jounral*, 1982, 92: 73 – 86.

Chambers, Robert, G. , Rolf Fāure, Shawna Grosskopf, "Productivity Growth in APEC Countries", *Pacific Economic Review*, 1996, 13: 181 – 190.

Chow, G. C. , and Lin, A. , "Accounting for Economic Growth in Tai-wan and Mainland China", *Journal of Comparative Economics*, 2002, 30 (3): 507 – 530.

Chow, G. C. , "Capital Formation and Economic Growth in China", *Quar-terly Journal of Economics*, 1993, 108: 809 – 842.

Chung, Y. , Färe, R. , Grosskopf, S. , "Productivity and Undesirable Outputs: A Directional Distance Function Approach", *Journal of Environmental Management*, 1997, 51 (3): 229 – 240.

Comwell, C. , Schmidt, P. , and Sickles, R. C. ,"Production the Efficien-cy of Decision Making Units", *European Journal of Operational Research*, 1990, 2: 429 – 444.

Easterly, W. , and Levine, R. , "It' s Not Factor Accumulation: Styli-zed Facts and Growth Models", *World Bank Economic Review*, 2001, 15 (2): 177 – 219.

Färe, R. , Shawna Grosskopf, Carl Pasurka, "Accounting for Air Polu-tion Emissions in Measuring State Manufacturing Productivity Growth", *Journal of Regional Science*, 2001, 41: 381 – 409.

Färe, R., Grosskopf, S., Norris, M., and Zhang, Z., "Productivity Growth, Technical Progress, and Efficiency Change in Industrialized Countries", *American Economic Review*, 1994, 84 (1): 66 – 83.

Farrell, M. J., "The Measurement of Production Efficiency", *Journal of the Royal Statistical Society Series A*, 1957, 120: 253 – 281.

Färe, R., and Primont, D., *Multioutput Production and Duality: Theory and Applications*, Boston: Kluwer Academic Publishers, 1995.

Fried, Lovell, Schmidt, et al., "Accounting for Environment Effects and Statistical Noise in Data Envelopment Analysis", *Journal of Productivity Analysis*, 2002, 17: 157 – 174.

González, A., Teräsvirta, T., Dick, D. V., "Panel Smooth Transition Regression Models", Working Paper Series in Economics and Finance, 2005.

Hall, R., and Jones, C., "Why Do Some Countries Produce So Much More Output per Worker than Others?" *Quarterly Journal of Economics*, 1999, 114 (1): 83 – 116.

Henderson, D. J., Russell, R., "Human Capital And Convergence: A Production – Frontier Approach", *International Economic Review*, 2005, 46 (4): 1167 – 1205.

Jeon, B. M., Sickles, R. C., "The Role of Environmental Factors in Growth Accounting", *Journal of Applied Econometrics*, 2004, 19: 567 – 591.

Jondrow, J., C., Lovell, I., Materov, and Schmidt, P., "On the Estimation of Technical Inefficiency in the Stochastic Frontier Production Function Model", *Journal of Econometrics*, 1982, 19 (2/3): 233 – 238.

Jorgenson, D., and Nishimizu, M., "U. S. and Japanese Economic Growth, 1952 – 1974: An International Comparison", *Economic Journal*, 1978, 88.

Klenow, P., and Rodriguez – Clare, A., "The Neoclassical Revival in

Growth Economics: Has It Gone Too Far?" *NBER Macroeconomics Annual*, Cambridge, MA: MIT Press, 1997: 73 – 103.

Kumar, S., "Environmentally Sensitive Productivity Growth: A Global Analysis Using Malmquist – Luenberger Index", *Ecological Economics*, 2006, 56: 280 – 293.

Kumar, S., and Russell, R., "Technological Change, Technological Catch – up, and Capital Deepening: Relative Contributions to Growth and Convergence", *American Economic Review*, 2002, 92 (3): 527 – 548.

Kumbhakar, S. A., "Parametric Approach to Efficiency Measurement Using a Flexible Profit Function", *Southern Econmic Journal*, 1996, 63 (2): 473 – 487.

Kumbhakar, S., "Production Frontiers, Panel Data, and Time – varying Technical Inefficiency", *Journal of Productivity Analysis*, 1990, 5: 171 – 180.

Los, B., and Timmer, M. P., "The 'Appropriate Technology' Explanation of Productivity Growth Differentials: An Empirical Approach", *Journal of Development Economics*, 2005, 77.

Maudos, J., Pastor, J. M., and Serrano, L., "Convergence in OECD 29 Countries: Technical Change, Efficiency and Productivity", *Applied Economics*, 2000, 32: 757 – 765.

Meeusen, W., and Broeck, J., van den, "Efficiency Estimation from Cobb – Douglas Production Functions with Composed Error", *International Economic Review*, 1977, 18: 435 – 444.

Pittman, R. W., "Multilateral Productivity Comparisons with Undesirable outputs", *Economic Journal*, 1983, 93: 888 – 891.

Qi, S., "Efficiency, Productivity, National Accounts and Economic Growth: A Green View Theory, Methodology and Application", Dissertation for Ph. D, University of Minnesota, 2005.

Shephard, R. W. , *Theory of Cost and Production Functions*, Princeton: Princeton Univ Press, 1970.

Solow, Robert, M. , "Technical Change and the Aggregate Production Function", *Review of Economics and Statistics*, 1957, 39 (8): 312 – 320.

Tone, K. , "A Slacks – based Measure of Efficiency in Data Envelopment Analysis", *European Journal of Operational Research*, 2001, 130.

Yoruk, B. , Zaim, O. , "Productivity Growth in OECD Countries: A Comparison with Malmquist Indices", *Journal of Comparative Economics*, 2005, 33: 401 – 420.

Young, A. , "The Tyranny of Numbers: Confronting the Statistical Realities of the East Asian Growth Experience", *Quarterly Journal of Economics*, 1995, 110 (3): 641 – 680.

Zheng, J. , A. Bigsten, and Angang Hu, "Can China's Growth Be Sustained? A Productivity Perspective", *World Development*, 2009, 37: 874 – 888.

附 录

面板平滑转换模型 MATLAB 程序

star_Panel. m

% Where：

% data：is a matrix which contains the panel data(Yit QitXit) with

%　　　　　　Yit：the dependant variable,　　size：vector(N $*$ T,1)

%　　　　　　Qit：the transition variable, size：vector(N $*$ T,1)

%　　　　　　Xit：the regressor,　　　　　　size：matrix(N $*$ T,K)

% N　　　　　　：number of individuals

% m　　　　　　：number of location parameters

% rmax　　　　　　：maximum number of transition functions authorised
(r <= rmax)

% condini_user：initial conditions given by the user

% RETURNS：

function[res] = star_Panel(data,N0,m0,rmax,condini_user)

affi = 1 ;

global　Y　X　W　Q　m　T　N　K　Xreg　beta　residual　y_cent
x_cent　　w_cent　　g　　r condini_last paramsncase　NT　sample
QadjXadjsampleAdj　qs_truncated m0

```
ifaffi == 1
help star_panel
end
OPTIONS = optimset('MaxIter',20000,'Diagnostics','off','Display','on','MaxFu-
nE vals',20000);
%-----------------
%--- Parameters --
%-----------------
m0 = 1;
m = m0;
if m == 1
    grid_gam = 15;
    grid_c = 30;
else
    grid_gam = 5;
    grid_c = 20;
end;
alpha = 0.05;
tau = 0.5;
%------------
%--- Data ---
%------------
data = xlsread('.\数据.xls');
Y = data(:,1);
Q = data(:,13);
X = data(:,6:12);
```

```
N = 30;
T = length(Y)/N;
NT = N * T;
K = size(X,2);
%------------------------
%---- Balanced Sample --
%------------------------
balanced = 1;
if sum(sum(isnan(data))) > 0
disp(''),disp(' WARNING:The sample is not balanced'),disp('')
balanced = 0;
end
missing = sum(isnan(data)')';
sample = zeros(NT,3);
sample(:,1) = ones(length(Y),1);
sample(missing > 0) = 0;
balanced_indi = repmat((1:N),T,1);
sample(:,2) = balanced_indi(:);
sample(:,3) = repmat((1:T),1,N)';
Qadj = Q(sample(:,1) == 1);
Xadj = X(sample(:,1) == 1,:);
sampleAdj = sample(sample(:,1) == 1,:);
NT = sum(sample(:,1));
y_cent = Centered(Y,sample);
for indic_k = 1:K
        x_cent(:,indic_k) = Centered(X(:,indic_k),sample);
```

```
end

x_cent;

ifnargin == 5

disp('WARNING:Initial Condition Provided by User')

else

%%%%%%%%%%%%%%%%%%%%%%%%%%%%%%%%%%%%
%%%%%
%                                           %
% Testing Linearity against PSTR model      %
%                                           %
%%%%%%%%%%%%%%%%%%%%%%%%%%%%%%%%%%%%
%%%%%
ifaffi == 1,disp('')

disp('*********************')
disp('***LINEARITY Tests * * *')
disp('*********************')
disp('')
end
within = x_cent\y_cent;
SSR0 = sum((y_cent - x_cent * within).^2);
Regressor = x_cent;
for j = 1:m
XQj = X. * repmat(Q.^j,1,K);
for indic_k = 1:K

XQj_cent(:,indic_k) = Centered(XQj(:,indic_k),sample);
```

```
    end
        Regressor = [ Regressor XQj_cent ] ;
    end
    beta_taylor = Regressor\y_cent ;
    SSR1 = sum( ( y_cent - Regressor * beta_taylor ). ^2 ) ;
    LM = NT * ( SSR0 - SSR1 )/SSR0 ;
    LM_linearity( 1 ,1 ) = LM ;
    LM_linearity( 1 ,2 :4 ) = chi2inv( [ 0. 90 0. 95 0. 99 ] ,m * K ) ;
    LM_linearity( 1 ,5 ) = 1 - chi2cdf( LM ,m * K ) ;
    degree = length( y_cent ) - ( size( Regressor ,2 ) - size( XQj_cent ,2 ) ) - N ;
    F = ( ( SSR0 - SSR1 )/( m * K ) )/( SSR1/degree ) ;
    F_linearity( 1 ,1 ) = F ;
    F_linearity( 1 ,2 :4 ) = finv( [ 0. 90 0. 95 0. 99 ] ,m * K ,degree ) ;
    F_linearity( 1 ,5 ) = 1 - fcdf( F ,m * K ,degree ) ;
    LRT = NT * ( log( SSR0 ) - log( SSR1 ) ) ;
    LRT_linearity( 1 ,1 ) = LRT ;
    LRT_linearity( 1 ,2 :4 ) = finv( [ 0. 90 0. 95 0. 99 ] ,m * K ,degree ) ;
    LRT_linearity( 1 ,5 ) = 1 - fcdf( LRT ,m * K ,degree ) ;
    ifaffi == 1
    disp(' H0: Linear Model H1: PSTR model with at least one
    Threshold Variable( r =1 )') ,disp( '')
    disp( sprintf( 'SSR1') ) ,disp( '')
    disp( sprintf( 'SSR0') ) ,disp( '')
    disp( sprintf ( 'Wald Tests ( LM ): W = % 3. 3f pvalue
    = % 1. 3f' ,LM_linearity( 1 ) ,LM_linearity( end ) ) ) ,disp( '')
    disp( sprintf ( 'Fisher Tests ( LMF ): F = % 3. 3f pvalue
```

```
= % 1. 3f', F_linearity( 1) , F_linearity( end) ) ) , disp( '')
disp( sprintf( ' LRT Tests( LRT) : LRT = % 3. 3f pvalue = % 1. 3f', LRT_
linearity( 1) , LRT_linearity( end) ) ) , disp( '')
end
%%%%%%%%%%%%%%%%%%%%%%%%%%%%%%%%%%%%
%%%%%
%                                                              %
% Determination of The Number of Threshold r                  %
%                                                              %
%%%%%%%%%%%%%%%%%%%%%%%%%%%%%%%%%%%%
%%%%%
ifaffi == 1 , disp( '') , disp( '') ,

disp( '*******************************************
****************')
disp( 'TESTING   THE   NUMBER   OF   REGIMES:  TESTS   OF
NO   REMAINING NON - LINEARITY')
disp( '*******************************************
****************')
end
% Fisrt Case:r is unknowm and determined between r = 1 and r = rmax
pvalue = 0 ; critical = alpha ; r = 0 ;
rmax = 1 ;
LM = zeros( rmax ,5) ;
F = zeros( rmax ,5) ;
LRT = zeros( rmax ,5) ;
```

```
while( pvalue < critical ) && ( r < rmax )

    r = r + 1 ;

        % --- Initial Conditions --- %

if r > 1

condini_last = parameter ;

end

condini = Grid_Search( grid_gam , grid_c ) ;

        % --- Estimation --- %


[ parameter , rss , EXITFLAG , OUTPUT ] = fminsearch( 'NLS' , condini , OP-
TIONS ) ;

disp( sprintf( 'Estimation of the Model with r = % 0. 0f and m = % 0. 0f :

Convergence = % 0. 0f      RSSV% 0. 3f' , r , m , EXITFLAG , rss ) )

        if    sum( ( parameter( r + 1 : end , 1 ) > qs_truncated( end ) ) + ( pa-
rameter( r + 1 : end , 1 ) < qs_truncated( 1 ) ) ) > 0

disp( '') , disp( ' WARNING : At least one estimated Location Parameter is

outside the trimming')

disp( ' ') , disp( sprintf( ' The   location   Parameter   must   range

from   % 6. 6f   to   % 6. 6f' , qs_truncated( 1 ) , qs_truncated( end ) ) )

end

        % --- Test of no Remaining nonlinearity ---

        SSR0 = rss ;

        Regressor = [ Xreg ] ;

for j = 1 : m

XQj = X. * repmat( Q. ^j , 1 , K ) ;

for indic_k = 1 : K
```

```
XQj_cent( : ,indic_k) = Centered( XQj( : ,indic_k) ,sample) ;
end
        Regressor = [ Regressor XQj_cent] ;
end
coef_H1 = Regressor\y_cent;
    SSR1 = sum( ( y_cent - Regressor * coef_H1). ^2) ;
disp( sprintf('   RSS under H1 = %0. 3f',SSR1) )
LM( r,1) = NT * ( SSR0 - SSR1)/SSR0;
LM( r,2 :5) = chi2inv( [ 0. 90 0. 95 0. 99 1 - critical] ,m * K) ;
    LM( r,6) = 1 - chi2cdf( LM( r,1) ,m * K) ;
    degree = NT - N - K * ( r + 1) - m * K;
    F( r,1) = ( ( SSR0 - SSR1)/( m * K) )/( SSR1/( degree) ) ;
    F( r,2 : 5) = finv( [ 0. 90 0. 95 0. 99 1 - critical] , m * K, ( de-
gree) ) ;
    F( r,6) = 1 - fcdf( F( r,1) ,m * K,( degree) ) ;
LRT( r,1) = NT * ( log( SSR0) - log( SSR1) ) ;
LRT( r,2 :5) = chi2inv( [ 0. 90 0. 95 0. 99 1 - critical] ,m * K) ;
    LRT( r,6) = 1 - chi2cdf( LRT( r,1) ,m * K) ;

% --- Adjsutement of the Level --- %
critical = critical * tau;
pvalue = F( r,end) ;
end
ifaffi == 1
disp( ")
    for j = 1 :r
```

```
disp(sprintf(' H0: PSTR with r = %1.0f against H1: PSTR
with   at least r = %1.0f',j,j+1)),disp('')
disp(sprintf (' Wald Tests (LM):      W = %3.3f   pvalue
 = %1.3f',LM(j,1),LM(j,end))),disp('')
disp(sprintf (' Fisher Tests (LMF):      F = %3.3f   pvalue
 = %1.3f',F(j,1),F(j,end))),disp('')
disp(sprintf (' LRT Tests (LRT):         LRT = %3.3f
pvalue = %1.3f',LRT(j,1),LRT(j,end))),disp('')
end
disp('')
disp(sprintf(' Given the choices of rmax = %1.00f and m
 = %1.0f, the OPTIMAL (LMF criterion) NUMBER OF
THRESHOLD FUNCTIONS is r = %1.0f',rmax,m,r))
end
%%%%%%%%%%%%%%%%%%%%%%%%%%%%%%%%%%%%%%
%%%%%
%                                              %
% Estimation by Non Linear OLS                 %
%                                              %
%%%%%%%%%%%%%%%%%%%%%%%%%%%%%%%%%%%%%%
%%%%%
end % END sur la condition sur consini_user.
% Estimation NLS
ifnargin == 5
condini = condini_user;
r = rmax;
```

```
        gam_def = ( 0. 2 :0. 8/( floor( grid_gam/4 ) - 1 ) :1 )';
        gam_def = [ gam_def; ( 2 : ( 100 - 2 )/( grid_gam - floor( grid_gam/
4 ) - 1 ) :100 )'] ;
        qs = sort( Qadj ) ;
indic = ( floor( 0. 15 * length( qs ) ) :1 :floor( 0. 85 * length( qs ) ) )';
        qs_truncated = qs( indic ) ;
else
condini = parameter ;
end;
ifaffi == 1
disp( ") ,disp( ") ,
disp( '*******************************************')
disp( '***FINAL ESTIMATION OF PSTR MODEL ***')
disp( '*******************************************')
disp( ")
disp( sprintf( '        Final Estimation of the Model with r = % 0. 0f and m
= % 0. 0f by NLS ***',r,m ) )
end
disp( 'Initial Conditions on( gamma,c ) :')
disp( condini')
[ parameter,rss,EXITFLAG,OUTPUT] = fminsearch( 'NLS',condini,OP-
TIONS) ;
% ---- Check up of the Estimates: verify if the location parameters are
inside the trimming values of q( it ) ---
if sum( ( parameter( r + 1 :end,1 ) > qs_truncated( end ) ) + ( parameter( r
+ 1 :end,1 ) < qs_truncated( 1 ) ) ) > 0
```

```
disp(' '),disp(' WARNING FINAL ESTIMATION: At least
one estimated  Location Parameter is outside the trimming')
disp(' '),disp(sprintf(' The location Parameter must range
from  %6.6f  to  %6.6f',qs_truncated(1),qs_truncated(end)))
end
% Matrix of Variance Covariance of Estimator Beta
vcov1 = inv(Xreg'*Xreg) * (rss/NT);
m1 = zeros((r+1)*K,(r+1)*K);m2 = m1;
for indic = 1:NT
    m1 = m1 + Xreg(indic,:)'*Xreg(indic,:);
    m2 = m2 + Xreg(indic,:)'*Xreg(indic,:) * residual(indic)^2;
end
vcov2 = inv(m1) * m2 * inv(m1);
resid = full(sparse(sampleAdj(:,3),sampleAdj(:,2),residual,T,
N));
resid = resid(:);resid(resid==0) = NaN;
% Transition Function(complete sample)
gg = ones(N*T,r) * NaN;
% Transition Function(complete sample)
for i = 1:r
ggtemp = full(sparse(sampleAdj(:,3),sampleAdj(:,2),g(:,i),T,
N));
ggtemp = ggtemp(:);ggtemp(ggtemp==0) = NaN;
gg(:,i) = ggtemp;
end
```

```
%%%%%%%%%%%%%%%%%%%%%%%%%%%%%%%%%%%
%
% % %                                    % % %
% % % Estimation of Fixed Effects        % % %
% % %                                    % % %
%%%%%%%%%%%%%%%%%%%%%%%%%%%%%%%%%%%
%
beta = Xreg\y_cent;
fixed = zeros(N,1);
XX = Xadj;
for z = 1:r
   XX = [XX Xadj. * repmat(g(:,z),1,K)];
end
for j = 1:N
fixed(j) = mean(Y((sample(:,1) == 1)&(sample(:,2) == j))) -
mean(XX((sampleAdj(:,1) == 1)&(sampleAdj(:,2) == j),:)) *
beta;
end
%%%%%%%%%%%%%%%%%%%%%%%%%%
%    Individual Parameters                      %
%%%%%%%%%%%%%%%%%%%%%%%%%%
% Individual Estimates
rbeta = reshape(beta,K,r+1);
gam = parameter(1:r,1)';
c = reshape(parameter(r+1:end,:),m,r);
estim_indi = ones(N * T,K) * NaN;
```

```
for i = 1 : K

indi = sum( ( repmat( rbeta( i, : ) ,NT,1 ). * [ ones( NT,1 ) g ] )' )';

indi = full( sparse( sampleAdj( : ,3 ) ,sampleAdj( : ,2 ) ,indi,T,N ) );

indi = indi( : ) ;indi( indi ==0 ) = NaN;

estim_indi( : ,i ) = indi;

end

if sum( sum( Xadj – repmat( Qadj,1,K ) ) ==0 ) >0

disp(' WARNING: at least one explicative variable is used
as  threshold variable') ,disp('')

for i = 1 : K

if sum( ( Xadj( : ,i ) – Qadj ) ) >0

derive = zeros( N * T,1 ) ;

            for j = 1 : r

if m == 1

                    dg = (1. /gg( : ,j ). ^2 ). * exp( – gam( j ) * ( X
( : ,i ) – c( : ,j ) ) );

end

if m > 1

dg = zeros( N * T,1 ) ;

disp(' WARNING : Individual Elasticities are  not Computed
given dg/dq for m > 1')

end

derive = derive + ( X * rbeta( : ,j ) ). * dg;

end

estim_indi( : ,i ) = estim_indi( : ,i ) + derive;

end
```

```
end

end

%%%%%%%%%%%%%%%

%%%          %%%

%%%Results   %%%

%%%          %%%

%%%%%%%%%%%%%%%


if   balanced == 1

res. balanced   =   '  Balanced   Sample';

else

res. balanced   =   'Unbalanced Sample';

end

res. N = N;

if balanced == 1

res. T = T;

else

    res. T = zeros(N,1);

for j = 1:N

res. T(j) = sum(sample((sample(:,2) == j),1));

end

end

res. m = m;

res. r = r;

res. gam = parameter(1:r,1)';

res. c = reshape(parameter(r + 1:end,:),m,r);
```

```
res. beta = reshape( beta, K, r + 1) ;

res. beta_std = real( reshape( sqrt( diag( vcov2) ) , K, r + 1) ) ;

res. beta_tstat = res. beta. /res. beta_std ;

res. beta_std_nc = real( reshape( sqrt( diag( vcov1) ) , K, r + 1) ) ;

res. rss = rss ;

res. fixed = fixed ;

res. resid = reshape( resid, T, N) ;

res. g = gg ;

ifnargin < 5

        res. LM_linearity = LM_linearity ;

        res. F_linearity = F_linearity ;

        res. LRT_linearity = LRT_linearity ;

        res. LM = LM ;

        res. F = F ;

        res. LRT = LRT ;

end

res. exitflag = EXITFLAG ;

res. output = OUTPUT ;

res. coef_indi = estim_indi ;

res. nbparam = K * ( r + 1) + r * m + r ;

res. AIC = log ( res. rss/( N * T - res. nbparam - 1 ) ) + 2 *
( res. nbparam)/( N * T) ;

res. BIC = log( res. rss/( N * T - res. nbparam - 1) ) + ( res. nbparam)/
( N * T) * log( N * T) ;

ifaffi == 1

disp(' '),    disp( sprintf('   RSS   =    % 4. 3f        Convergence
```

```
=    %1. 0f', rss, EXITFLAG))
```

disp(' '),disp('Estimated Slope Parameters (for each transition function)'),disp(res. gam)

disp(' '),disp(' Estimated Location Parameters (per column for each transition function)'),disp(res. c)

disp(' '),disp(sprintf('Estimated Parameters (per column for each transition function)beta = %4. 4f',beta)),

disp(res. beta)

disp(' '),

disp(' Standard Errors of Estimated Parameters Corrected fo-Heteroskedasticity(per column for each transition function)')

disp(res. beta_std)

disp(' '),

disp(' T – statistics based on Corrected Standard Errors (per column for each transition function)')

disp(res. beta_tstat)

end

NLS. m

function[RSS] = NLS(parameter)

global Y X W Q m T N K Xreg beta residual y_cent x_cent w_cent g r NT sample QadjXadjsampleAdj

gam = parameter(1:r,1);% Slope of the Transition Function

```
c = reshape( parameter( r + 1 : end,1 ) ,m,r ) ;% Location Parameters

g = zeros( NT,r ) ;% Initialisation of Transition Functions

W = zeros( NT,K,r ) ;% Initialisation of Matrix W;

for i = 1 :r      % Loop on Threshold

qsc = repmat( Qadj,1 ,m ) - repmat( c( :,i )',NT,1 ) ;% Values of Q( i,

t ) - c( j ) ;j = 1 ,.. ,m

if m > 1

g( :,i ) = 1. /( 1 + exp( - gam( i,1 ) * prod( qsc') ) )';% Transition Val-

ues for Q( i,t ) ,case m > 1

else

g( :,i ) = 1. /( 1 + exp( - gam( i,1 ). * qsc ) ) ;% Transition Values for Q

( i,t ) ,case m = 1

end

W( :,:,i ) = Xadj. * repmat( g( :,i ),1 ,K ) ;% W( i,t ) = X( i,t ) * g

( qit,c,gam )

end

Xreg = x_cent;% Matrix of Regressors

for i = 1 :r         % Loop on the numebr of threshold

    w_cent = zeros( NT,K ) ;% Initialization of Matrix w_cent

for indic_k = 1 :K % Loop on the number of explicative variable

w_cent = Centered( W( :,indic_k,i ) ,sampleAdj ) ;% Centered Data

Xreg = [ Xreg w_cent ] ;% Matrix of Regressors

end % End of loop on indic_k

end % End of Loop on Threshold

beta = Xreg\y_cent;% ConditionnalOlS to c and gam

residual = y_cent - Xreg * beta;% Vector of Residuals
```

RSS = sum(residual. ^2) ;% Conditionnal RSS

Grid_Search. m

```
function[ condini ] = Grid_Search( grid_gam , grid_c )
global Y X W Q m T N K Xreg beta residual y_cent x_cent w_cent g r
condini_last paramsncase NT sample QadjXadjsampleAdj qs_truncated %
grid_c
gam_def = [ 0. 2 0. 5 0. 9 1. 4 2. 5 3. 0 3. 5 4. 0 4. 5 ]';% Grid Search on
Gamma values( as In C. Colletaz Rats Code)
grid_gam = length ( gam_def) ;% Grid Search on Gamma values ( as In
C. Colletaz Rats Code)
qs = sort( Qadj) ;% Sorted Values of Qit
Tadj = length( qs) / N ;
% indic = ( floor( Tadj/2) :1 :length( qs) − floor( Tadj/2) )';
indic = ( floor( 0. 1 ∗ length( qs) ) :1 :floor( 0. 9 ∗ length( qs) ) )';
qs_truncated = qs ( indic ) ;% Truncated sample : 10% of observations
are withdraw
step = length( qs_truncated) / grid_c ;
indic = floor( ( 1 :step :step ∗ grid_c)') ;
c_def = qs_truncated( indic) ;% Values of c( i)
C_GRID = c_def( nchoosek( ( 1 :1 :grid_c)', m) ) ;% Grid for c( 1) < c
( 2) < . . < c( m)
ncase = length( C_GRID) ∗ grid_gam ;% Total number of cases
```

```
disp("),disp(sprintf('Initial Conditions:Assumed Number of Thresholds
r = %0.0f Number of Regressions = %0.0f',r,ncase))
Z = zeros(ncase,r*(m+1)+1);indic = 1;% Initialisation
z = repmat(gam_def',length(C_GRID),1);Z(:,r) = z(:);% Values
of Gamma
Z(:,end-1-m+1:end-1) = repmat(C_GRID,grid_gam,1);% Val-
ues of c(1),c(2),..,c(m)
if r > 1
Z(:,1:r-1) = repmat(condini_last(1:r-1)',ncase,1);% Previous
values of gam(estimated)
Z(:,r+1:end-1-m) = repmat(condini_last(r:end)',ncase,1);%
Previous values of c(estimated)
end
for i = 1:grid_gam % Loop on the values of gamma
for j = 1:length(C_GRID)% Loop on the values of gamma
params = Z(indic,1:end-1)';% Values of parameters
Z(indic,end) = NLS(params);% RSS of Conditionnal OLS(Function
NLS)
indic = indic + 1;% Indicator
end
end
Z;
[a,b] = min(Z(:,end));% Minimum Value of RSS
condini = Z(b,1:end-1)';% Vector of Initial Conditions
disp('Initial Conditions on(c,gamma)')
disp(condini')
```

图书在版编目（CIP）数据

绿色增长源泉与地区经济差距：基于中国省区的实
证分析／石风光著. -- 北京：社会科学文献出版社，
2018.4

ISBN 978 - 7 - 5201 - 2013 - 5

Ⅰ.①绿…　Ⅱ.①石…　Ⅲ.①绿色经济 - 区域经济 -
经济增长 - 区域差异 - 研究 - 中国　Ⅳ.①F127

中国版本图书馆 CIP 数据核字（2017）第 314584 号

绿色增长源泉与地区经济差距
——基于中国省区的实证分析

著　　者／石风光

出 版 人／谢寿光
项目统筹／许玉燕
责任编辑／王晓卿　郭红婷

出　　版／社会科学文献出版社·当代世界出版分社（010）59367004
　　　　　　地址：北京市北三环中路甲 29 号院华龙大厦　邮编：100029
　　　　　　网址：www.ssap.com.cn
发　　行／市场营销中心（010）59367081　59367018
印　　装／三河市尚艺印装有限公司

规　　格／开本：787mm × 1092mm　1/16
　　　　　　印张：14.5　字数：182 千字
版　　次／2018 年 4 月第 1 版　2018 年 4 月第 1 次印刷
书　　号／ISBN 978 - 7 - 5201 - 2013 - 5
定　　价／78.00 元

本书如有印装质量问题，请与读者服务中心（010 - 59367028）联系